L. F. Freiherr von Eberstein

Fehde

Mangold's von Eberstein zum Brandenstein gegen Reichsstadt Nürnberg

1516-1522

L. F. Freiherr von Eberstein

Fehde

Mangold's von Eberstein zum Brandenstein gegen Reichsstadt Nürnberg 1516-1522

ISBN/EAN: 9783743664104

Hergestellt in Europa, USA, Kanada, Australien, Japan

Cover: Foto ©ninafisch / pixelio.de

Weitere Bücher finden Sie auf **www.hansebooks.com**

„Dem Landfrieden ist nicht zu trauen".

Fehde

Mangold's von Eberstein zum Brandenstein

gegen

die Reichsstadt Nürnberg
1516—1522.

Charakterbild der rechtlichen und wirthschaftlichen Zustände im deutschen Reiche unmittelbar vor dem grossen Bauernkriege.

Herausgegeben
nach urkundlichen Aufzeichnungen und Briefen im k. Archive zu Nürnberg

von

Louis Ferdinand Freiherrn von Eberstein,
königl. preuss. Ingenieur-Hauptmann a. D., Ehrenmitglied des Hennebergischen alterthumsforschenden Vereins.

Nordhausen.
Verlag von Carl Haacke,
1868.

Druck von Julius Pampel in Nordhausen.

„O Jahrhundert! o Wissenschaften! Es ist eine Freude zu leben, nicht aber sich zur Ruhe zu setzen. Es blühen die Studien, die Geister regen sich: Du, nimm den Strick Barbarei und mache Dich auf Verbannung gefasst!"

Wenn je durch Worte eine Geschichts-Epoche sich selbst ihre wahre Signatur aufgedrückt hat: so genügt sicherlich der vorstehende Triumphruf, freilich aber auch schon der blosse Name dessen, der denselben in die Welt ausgehen zu lassen den tiefinnersten Drang fühlte: **„Ulrich von Hutten"**, um eine Zeit — von Strauss treffend die „einzige Zeit" genannt — mit wenigen aber charakteristischen Zügen zu zeichnen, welche, theils den Abschluss des Mittelalters, theils den Anfang der neuen Zeit bildend, in gährungsvollem Verein zugleich die dem Absterben verfallenen Residuen veralteter Lebensformen und die lebensvolleren Keime einer inhaltreicheren höheren, menschlicheren Entwickelung in sich barg.

Wenn Ulrich von Hutten — der so viel geschmähte und verunglimpfte und doch auch wieder mit aufmunterndster Anerkennung, ja mit Ruhm und Preis überhäufte „gelehrteste Ritter und ritterlichste Gelehrte", der kühne und erfolgreiche, dafür aber auch geächtete und bis zu seinem tragischen Ende verfolgte Kämpfer gegen die römische Fremdherrschaft in Deutschland und gegen „alle Diejenigen, welche sich der aufgehenden Sonne der Bildung als hindernde Wolken entgegenstellen, das Licht der Wahrheit in seinem Anbruche verfinstern, ja auszulöschen trachten", — wenn dieser hochbegabte und durch die Complication der für seine persönliche Behäbigkeit leider! höchst verhängnisvollen, für seine wissenschaftliche Ausbildung aber und für seine weltgeschichtliche Mission um so günstigeren Umstände auf der Höhe seiner Zeit stehende Sprössling aus den beiden der fränkischen Ritterschaft angehörigen Geschlechtern Hutten und Eberstein nicht allein die seine Zeitgenossen bewegenden Strömungen wiederspiegelt, sondern ausserdem auch der ächte Pionier der ganzen folgenden Epoche ist: — so personificirt dagegen seiner Mutter (Ottilie v. Eberstein) Bruder: **Mangold von Eberstein** zum Brandenstein, eben so sehr wie seine Fehdegenossen Franz v. Sickingen und Götz v. Berlichingen, in unverstelltester Naivität das freie Reichsritterthum in dessen guten aber auch entarteten Zügen, wie es kurz vor seinem ihm von den anderen Faktoren und Gewalten des deutschen Reiches vorbereiteten Untergange nochmals zu der Entfaltung seiner früheren Bedeutung und Macht aufstrebte, um in gerechter Nothwehr mit allen ihm zu Gebote stehenden Mitteln anzukämpfen gegen das immer offener und unverhüllter zu Tage tretende Gelüste der in den letzten Jahrhunderten aus erblichen königlichen Beamten und Vasallen nach langem Keimen und Wachsen emporgekommenen Kurfürsten, Herzoge, Markgrafen und der die weltliche Grafschaft immer mehr verdrängenden und die geistliche und weltliche Gewalt vereinigenden Häupter der geistlichen Stifter einerseits (:abwärts gegen Ritterschaft und Reichsstädte:) nach Territorialherrschaft, andererseits (:nach oben hin gegen das Reichsoberhaupt:) nach Souverainität. Wunder kann es daher nicht nehmen, wenn solches Streben die in ihrem Fundamente, in ihrer Unabhängigkeit angegriffene Ritterschaft, in welcher sich der Beruf: die Einheit des Reichs durch treuen thatkräftigen Anschluss an den König zu wahren, traditionell und instinctiv allein noch lauter und lebendig erhalten hatte, mit der Zeit zu den masslosesten Ausschreitungen trieb. Es müsste eben nicht die deutsche Ritterschaft gewesen sein! diese Ritterschaft, die wesentlich auf dem Principe der Genossenschaft und der Solidarität beruhte, innerhalb welcher es keinen Vorrang gab, als den der erhöhten nationalen Tüchtigkeit und der hervorragenden That, der angestammten — aber auch bewiesenen — Tüchtigkeit des Charakters und Sinnes wie der gereiften persönlichen Erfahrung! diese Ritterschaft, die auf den in reiner Waldesluft und „in stolzer Einsamkeit" gelegenen Burgen trotz allem Uebermasse im Trinken in naturgemässer Einfachheit hauste, zwar unberührt von gelehrter Bildung, dafür aber auch frei von dem Gifte der inhaltleeren, zu Verstellung und Heuchelei führenden raffinirten Scholastik, wie solche damals in höchster Blüthe stand! Dieser Ritterschaft und ihrer angeborenen Biederkeit musste mithin alles pfäffische und Schreiberwesen ein Gräuel sein! Mehr noch als gegen die Klöster richtete sich nun dieser Hass der Ritter gegen die Städte, welche von den geldbedürftigen Königen und Kaisern mit Privilegien überhäuft und von den nach Territorialhoheit trachtenden Fürsten in Bündnisse gegen die Ritterschaft gezogen wurden. — Um ganz diesen Antagonismus des Ritterthums und der Städte gegen einander zu begreifen, muss man sich den kläglichen politischen Zustand in dem damaligen, aller seiner früheren Herrlichkeit verlustig gegangenen deutschen Reiche vor Augen führen. Mit treffender Charakteristik schildert denselben Ranke in seiner auf genauer Durchforschung der Archive — aber auf eben so intensivem Grade historischen Urtheils fussenden „Deutschen Geschichte im Zeitalter der Reformation". Die Ergebnisse seiner Forschungen lassen sich etwa in Folgendem zusammenfassen.

Die Geburten und Hervorbringungen des Mittelalters waren allenthalben mit einander in einen Kampf gerathen, in welchem sie sich wechselseitig vernichteten. Bei dem Gegeneinanderlaufen aller lebendigen Bestrebungen und Kräfte im deutschen Reiche am Ausgange des Mittelalters, bei der Entfremdung und Machtlosigkeit des Oberhauptes und da sich auch unter den Zusammengehörenden Entzweiungen nicht vermeiden liessen, musste ein Zustand eintreten, dessen Anblick etwas Chaotisches hat: es waren die Zeiten der allgemeinen Fehde. Die Fehde ist ein Mittelding zwischen Duell und Krieg. Jede Beleidigung und Verletzung führt nach einigen Formalitäten zu der Erklärung an den Gegner, dass man sein, seiner Helfer und Helfershelfer Feind sein wolle*). Die Reichsgewalten fühlen sich so wenig vermögend, dem zu steuern, dass sie nur Beschränkungen festzusetzen suchen und in ihren bedingten Verboten doch zugleich wieder die Erlaubnis aussprechen. Der unzähliche Male angeordnete und eben so oft wieder von allen Seiten gebrochene Landfriede ward endlich 1467 zum ersten Male ernstlich, wenn auch zunächst nur auf 5 Jahre verkündigt, wonach jeder Bruch desselben als ein Verbrechen der beleidigten Majestät anzusehen und mit der Acht zu bestrafen sein sollte. Aber gleich bei dieser Erneuerung sah man ein, dass an die Behauptung desselben nicht zu denken sei. „Dem Landfrieden ist nicht zu trauen" wurde zu einem wahren Sprichworte. Die Stiftung des schwäbischen Bundes (im Febr. 1488) hatte zwar theilweise für Aufrechterhaltung des Landfriedens Erfolg; aber erst 1495 auf dem Reichstage zu Worms wurde ein ewiger Landfriede beschlossen. Für die Ausführung der Beschlüsse dieses Reichstags, auf welchem es sich für den König vor Allem um die Aufbringung einer Kriegsteuer unter dem Namen des „gemeinen Pfennigs" handelte, lag aber ein grosses Hindernis schon in der Mangelhaftigkeit seiner Zusammensetzung. Eine ganze Anzahl mächtiger Stände war nicht zugegen gewesen. Ein noch wichtigerer organischer Mangel war, dass die Ritterschaft an dem Reichstage keinen Theil nahm. Noch im December versammelten sich die fränkischen Ritter in Schweinfurt und erklärten: sie seien freie Franken, des Reichs von Adel, verpflichtet, ihr Blut zu vergiessen, auf den Kriegszügen mit ihrer mannlichen Jugend des Kaisers Kron und Scepter zu bewachen, nicht aber Auflagen zu zahlen, was ihrer Freiheit zuwiderlaufe und eine unerhörte Neuerung sei. Sie hatten hierin

---

*) Eine bessere Belegstelle zu obiger Schilderung ist nicht beizubringen, als was der Benedictinermönch Scheckmann sagt: „Practicabatur in illis diebus lex injustitiae et violentiae, quae tandem communi principum decreto abrogata est. Haec privatis istis seditionibus et guerris fomitem et incendium subministrabat. Nam si alicui civium cujusvis civitatis, sive in rebus suis seu in corpore, illatum fuisset quodcumque nocumentum, et super hoc jure forensi non usque quaque sibi ex aequo satisfactum quereretur, hic talis confestim ad aliquem Comitem aut Baronem, spreto ordinario judice, confugiens, et de illato sibi damno vel injuria querimoniam faciens, jus suum super eo, quod sibi competere causabatur, tali patrono vindicandum assignabat. Mox ille, hujuscemodi occasione accepta mittens nuntium, profitebatur se publicum illius civitatis hostem, nec a depraedatione cessaturum, quoadusque adversa pars in causa sibi tradita conveniret. Hinc jam nulli civium talis civitatis tuta peregrinatio supererat. Nempe tales latrunculi, vias obsidentes, praestolabantur transitum eorum; ut ipsos, rebus suis exspoliatos, ad loca opportuna, multa pecunia, tandem redimendos, pertraherent." D. F. Strauss: Ulrich von Hutten 1858. Th. 2. S. 75 f.

die Beistimmung aller ihrer Standesgenossen. War nun aber von Seiten der Stände, zu deren Gunsten die Beschlüsse lauteten, ein so starkes widerstrebendes Element vorhanden, was liess sich da von dem König (Maximilian I.) erwarten, den sie beschränkten? Kein Wunder, dass einige Jahre später im Innern die alte Unordnung wieder ausbrach. Nicht allein war der Versuch, eine haltbare Verfassung für Krieg und Frieden zu gründen, gescheitert: es gab auch kein allgemein anerkanntes Gericht mehr.

Da nun die höchste Gewalt sich so wenig geltend machen konnte, so erwachte ein **allgemeines Streben nach Selbständigkeit auf eigene Hand, eine allgemeine Gewaltsamkeit, welche diese Zeiten höchst eigenthümlich charakterisirt.** Erst i. J. 1517 fand wieder ein Reichstag Statt, auf welchem jedoch alle Hauptbeschwerdepunkte unerledigt blieben. Es blieb eben bei Worten: So blieb es hier, so blieb es auf dem Reichstage zu Augsburg 1518. **Es gab beinah keine Landschaft, wo nicht die Fehde wieder im Schwange ging oder sich ein Angriff der Nachbarn besorgen liess. Wollte man Frieden haben, so musste man selber für sich sorgen: auf das Reich war gar nicht mehr zu zählen.**

Mit Maximilian's Tode (12. Januar 1519) trat zu dem inneren Zwiste die Ungewisheit der Zukunft hinsichtlich der Kaiserwahl hinzu. Wie nun eine sonderbare Mischung der verschiedenartigsten Beweggründe zu der Wahl Karl's V. zusammenwirkte, so war bei seinem Regierungsantritte Alles in Schwankung begriffen. Es war keine Form für die Regierung gefunden: kein Finanzsystem, keine Kriegseinrichtung zu Stande gebracht worden: es gab kein höchstes Gericht: der Landfriede wurde nicht beobachtet. Alle Stände im Reiche waren wider einander, Fürsten und Adel, Ritter und Städte, Weltliche und Laien, die höheren Klassen überhaupt und die Bauern, dies unbändige Element, dessen dumpfes Brausen man unaufhörlich vernimmt in der Tiefe unter dem Boden des ganzen Reiches. — Und dazu nun die alle Regionen des Geistes umfassende humanistische und religiöse Bewegung, in der Tiefe des nationalen Bewusstseins entsprungen, jetzt zu offener Empörung wider das Oberhaupt der Hierarchie gediehen! Es lebte eine gewaltsame, geistreiche, erfinderische, ernste, tiefsinnige Generation. Sie hatte ein Gefühl davon, dass in ihr eine grosse Weltveränderung beginne.

Mitten in diese kreissende Zeit fällt eine für die damalige Führung des kleinen Krieges zwischen Adel und Städten äusserst charakteristische Fehde Mangold's von Eberstein mit der freien Reichsstadt Nürnberg, dem damaligen Sitze des Kammergerichts, wie auch des wieder eingerichteten Reichsregiments. Ueber diese Fehde sind uns in Protocollen und Briefen so ins Einzelne gehende Züge aufbewahrt, durch welche ein helles Streiflicht auf die handelnden Personen und Zustände geworfen wird, dass nachfolgende Veröffentlichung jener in dem k. Archive zu Nürnberg (: Codex Nr. 247 u. a. Urk.:) vorhandenen Actenstücke (: grösstentheils Aussagen, die die Gefangenen Mangold's v. E. in der Kriegstube zu Nürnberg gemacht, und Schreiben derselben an ihre Angehörigen zu N., worin sie um Uebersendung der Schatzung etc. bitten:) sich von selbst rechtfertigt. Das uns durch dieselben mit lebendigster

Anschaulichkeit vor Augen tretende Bild ist eine in allen Einzelnheiten zutreffende Illustration zu der Schilderung, welche Ranke a. a. O. I. S. 156 f. giebt:

„In Schwaben consolidirten sich die Verbindungen der Reichsritterschaft unter dem Schirm des Bundes; auch in Franken hatte man ähnliche Bestrebungen: zuweilen versammelten sich die 6 Orte der fränkischen Ritterschaft, z. B. 1511, 1515, hauptsächlich um ihre Streitsachen den fürstlichen Hofgerichten zu entreissen; aber ihre Erfolge waren nicht nachhaltig; hier und am Rhein blieb doch Alles sehr tumultuarisch. Noch immer sehen wir die kriegerischen Reitersmänner, mit Pickelhaube und Krebs geharnischt, die gespannte Armbrust vor sich her, die wohlbekannten Raine durch das Feld entlang reiten, die Haltstätten wahrnehmen, in den Wäldern Tag und Nacht lauern, bis der Feind, den sie suchen, erscheint, oder der Waarenzug der Stadt, mit der sie in Streit liegen, die Strasse daher kommt; nach einem in der Regel leichten Sieg, da ihr Angriff unerwartet geschieht, kehren sie dann von Gefangenen umgeben, mit Beute beladen zurück in die engen Behausungen ihrer Burgen, wo sie nicht eine Stunde weit reiten können, ohne hinwiederum des Feindes gewärtig zu sein, wo sie sich nicht ohne Harnisch auf die Jagd zu gehen getrauen, unaufhörlich kommen und gehen die Knappen, die heimlichen Freunde und Spiessgesellen, bringen Hülfegesuche oder Warnungen und erhalten eine ewige Unruhe: die Nacht über hört man die Wölfe im nahen Forste heulen."

Unmittelbar im Anschlusse hieran giebt Ranke den Bericht von einer Fehde, bei welcher auch unser Mangold v. Eberstein thätigen Antheil genommen zu haben scheint. Götz v. Berlichingen und Selbitz hatten einen Nürnberger Zug, der von der Leipziger Messe kam, zwischen Forchheim und Neusess 18. Mai 1512 angegriffen; 31 Personen wurden weggeführt, in einem Walde bei Schweinfurt wurde gefüttert und die Gefangenen wurden bei den Thüngen, Eberstein, Buchenau versteckt.

Mit der Fehde, auf welche sich die nachstehenden Actenstücke beziehen, hatte es nun folgende Bewandtnis. Leonhard Odheimer's Witwe Agathe war in ihrem Sitze Farrenbach von Nürnberger Unterthanen überfallen und beraubt worden. Diese Agathe Odheimerin, welche überdies an verschiedene Nürnberger Angehörige nicht unbedeutende Geldforderungen hatte, begab sich nebst ihrer Tochter Helene in den Schutz Mangold's v. Eberstein, welcher sie in sein unfern der Stadt Schlüchtern und der Hutten'schen gangenossenschaftlichen und Ulrich v. Hutten's väterlicher Burg Steckelberg gelegenes Schloss Brandenstein als „seine verwandte Unterthanin" aufnahm. Im November 1516 — (:und dies ist kurze Zeit darauf, als der Herzog Ulrich von Würtemberg, den Kaiser wegen des an Hans v. Hutten begangenen Mordes in die Acht gethan, dem Dietrich Spät und dem Schwager des ermordeten Hutten, dem Zeisolf v. Rosenberg, in ihre Schlösser und Dörfer gefallen war und dadurch der Hutten'schen Partei zu der Erneuerung der Rüstungen Anlass gegeben hatte:) — überschickt Mangold von Eberstein, der Gemahl von Margaretha v. Rosenberg, durch seinen Neffen, einem Bruder Ulrich's v. Hutten, Seinen „reisigen Knaben" dem Rathe der Stadt Nürnberg eine schriftliche Aufforderung, die Ansprüche der Agathe Odheimerin binnen 4 Wochen zu befriedigen. Dieser aber behauptete: Mangold v. Eberstein „lege seine Sichel in einen fremden Schnitt", weil Agathe Nürnbergs „verpflichte und ungeledigte Bürgerin" und der Rath „ihre ordentliche Obrigkeit" sei; dessen ungeachtet sei er erbötig, die Sache je nach Mangold's Belieben entweder vor dem Kaiser, dem Kammergerichte, dem Ausschusse des schwäbischen Bundes, dem Erzbischof Albrecht von Mainz, Bischof Georg zu Bamberg, Bischof Lorenz zu Würzburg, Markgraf Casimir von Brandenburg oder vor der fränkischen Ritterschaft zu schleunigem Austrag bringen zu lassen. Nachdem dies jedoch nicht zum Ziele geführt hat, erfolgt 1519 die förmliche Erklärung der Fehde von Seiten der Agathe Odheimerin durch besonderen in ihrem Namen ausgestellten Fehdebrief. Zugleich eröffnete Mangold sofort die Fehde und führte dieselbe bis 1522 mit Hülfe seiner Verbündeten: seines Vetters Georg v. Eberstein zum Ginolfs, seiner Schwäger Kunz v. Rosenberg auf Uttenhofen, Zeisolfs und Lorenz v. Rosenberg, ferner der Hutten zum Steckelberg, der Gebrüder Wolfgang, Christoph und Reinhard v. Nisika, Wolf und Joachim von der Tann, Philipp v. Rüdigheim, Hector und Dietrich Beheim, Nebucadnezar und Marsilius Voit v. Salzburg, Lorenz von Schaumberg zu Thundorf, Wilhelm Fuchs, Philipp Truchsess v. Usleben, Joachim, Neidhard und Bernhard v. Thüngen, Marcell v. Weilar, Philipp Geyer jun. zu Offenheim, Hans Georg und Fritz von Deinigen etc. Die in der Nähe von Erlangen, Bamberg, Coburg, Tann, Würzburg, Remlingen, Berching, Roth etc. gefangen genommenen Nürnberger Unterthanen wurden hauptsächlich nach dem Schlosse Brandenstein gebracht, wo sie sich auslösen mussten.

Dass wenigstens später der Rath von Nürnberg die erhobenen Ansprüche nicht für so ganz aus der Luft gegriffen hielt, beweist folgende Registrande:

Als Jorg Dietz, der der Agatha Odheymerin dochter zu der ehe gehabt, diser sachen halb gegen einem erbern rate vnd gemeiner Stat Nürmberg vordrung zuhaben vermeint vnnd Ine ein erberer Rate vff sein ansuchen zw verhore vnnd gütlicher hanndlung vergleytet, er auch erschinen, Ist die sach gütlich beygelegt vnd vertragen. Actum 29 September 1534.

Deszgleichen hat sich ein erberer Rate mit Wilhelmen kramer dieser zeit Losungschreyber, als den dieser hanndel zum halb teyl betroffen hat, auch vertragen, der auch alspald quitirt hat.

Das in Nürnberg fungirende kaiserliche Regiment aber erklärte die Fehde für unbegründet: demgemäss wurde Mangold v. Eberstein sowohl als Agathe Odheimer in die Acht gethan und dem Hauptmann des fränkischen Kreises, dem nachmals in dem grossen

Bauernkriege bekannt gewordenen Grafen Georg v. Wertheim, der Befehl gegeben, Mangold zu bekriegen und dessen Habe und Güter einzuziehen. In der Charwoche 1522 brachte der Graf diesen Befehl zur Ausführung und bemächtigte sich am 17. April des Brandensteins, von dem sich jedoch Tags vorher Mangold mit Reinhard und Christoph v. Nisika, Wilhelm Fuchs und einem Edelknaben nach dem Steckelberg zurückgezogen hatte, auf welche Burg ihm durch Einkauf seines Vaters 25. Febr. 1453 (: Näheres in meiner Geschichte 502 f.:) das Recht zustand, sich derselben in seinen Fehden zu einem Waffenplatze zu bedienen. Am 26. April 1522 gebot Kaiser Karl V. dem Bischof Konrad zu Würzburg, erforderlichen Falls dem Grafen gegen Mangold zur Hülfe zu kommen (: vgl. Aschbach, Gesch. d. Gr. v. Werth. II. 320 u. meine Gesch. der Frhrn. v. E. 529:):

Wir Karl der Funfft von gottes genaden Erwelter Romischer Kayser zu allen zeiten merer des Reichs etc. in Germanien zu Hispanien baider Sicilien zu Jherusalem Hungern Dalmatien Croatien etc. kunig Ertzherzog zu Oesterreich Hertzog zu Burgund etc. Graue zu Habspurg, Flandern vnd Tirol etc. Entbieten dem Erwirdigen Cunraden Bischouen zu Würtzburg vnserm fursten vnd lieben Andechtigen vnser gnad vnnd alles gut. Erwirdiger furst lieber Andechtiger Wiewol wir auf jungst gehaltenem Reichstag zu Worms neben andern die schwinden vnd aufsetzigen beschedigungen Raubereyen vnd plackereyen so hin vnd wider Im heilgen Reich beswerlich erscheinen, sünderlich betracht wie denen mit notturftiger ansehung vnd statthafter abwendung begegnet werden mochte, Vnd darauf vnnder anndern fursehungen den gemeinen voraufgerichten vnd erklertn Landfride sammbt den Reichs Stennden mit ettlichen zuesetzen vnd erweitterungen gebessert von newen aufgericht beslossen vnd den ernnstlich vnd vesstigklich zu halten vnd zu voltziehen vnns gegeneinander verpunden vnd verphlicht So haben wir doch scheinbarlich befunden das sollichs vnangesehen ettliche freuel vnd aigen gewaltige Tatter awsz posser gewonheit vnd verstopffung Irer vngehorsam Nemlich Manng. von Eberstein vnd seine Helffer on vnnderlasz auf vnnser vnd des heiligen Reichs strassen mit angreiffen, Niderwerffen, Rauben, vahen, schetzen enthalten vnd in annder grausam wege berurtem Landfriden vnd allen andern Erbarn gesatzen vnnd ordnungen stracks zuwiderhandlen Durch welliche trutzliche schedliche vnd vnleidliche beswarden seyen wir als Romischer kayser aws aigenschaft vnsers Ambts hochlich geursacht vnd gedrungen gegen genanntem Mangen von Eberstein vnd seinen Helffern als Landfridbrechern beschedigern vnd Tattern zu voltziehung desselben vnnsers voraufgerichten Landfridens ernnstliche Execution wie sich geburt furzunemen als wir auch durch Deiner Andacht vnd anderer Hilf vnterstanden haben Dweil aber gemelter Manng. von Eberstein mit seinen Helffern awsz dem Slosz Brandenstein entwichen vnd dasselb Slosz durch den Edlen vnnsern vnd des Reichs lieben getrewen Georgen Grauen zu Werthain In vnnserm vnd vnsers kayserlichen Regiments Namen erobert vnd eingenomen Ist wol zu vermueten, das sich derselb von Eberstein vnnd seine Helffer Irer gewonheit nach weitter mutwillens vnd aigen gewaltiger Handlung nit enthalten werden Demnach so gebieten wir dir von Romischer kayserlicher macht bey den phlichten damit Du vnns vnd dem heiligen Reich verwandt bist vnd bey den peenen In mergedachtem vnserm vnd des Reichs Lanndfriden vnd ordnunge begriffen Ob durch denselben von Eberstein seine Helffer oder yemandt anndern von Iren wegen gegen dem Slosz Brandenstein desselben zugehorungen vnd sunderlich gegen vnnserm Haubtman Graf Georgen von Werthain vnd den seinen mit gewaltiger thatte furgenomen vnnd gehanndlt werden wolte oder wurde das Du dasselb auf sein Graf Georgen ersuchen auch für Dich selbs In Deiner Lanndschafft vnnd gebiet vnd ausserhalb getrewlich furkumen vnd denselben Landfridbrechern vnuerzogenlichen on einich einred vnd waygerung zu Rosz vnd Fusz widerstannd vnd abbruch thun helffest vnd Dich also hierInn nit vngehorsam erzaigest als lieb Dir sei obgemelt peen zu uermeiden. Daran thuet auch Dein Andacht vnnser ernstlich maynung Geben in vnnser vnd des Reichs Statt Nürnberg am Sechsundzwaintzigisten tag des Monats Apprilis Nach Cristi geburde funffzehenhundert vnd Im zway und zwaintzigisten vnnser Reiche des Romischen Im Dritten vnd der anndern aller Im Sibenden Jaren.

Von dem Steckelberg begab sich Mangold zu Franz v. Sickingen, welcher — nach Straussens Schilderung in seinem angeführten Buche „Ulrich von Hutten" II. 227 — 235 — seine schwankende Stellung zwischen ritterlichem Besitz und beinah fürstlicher Macht fester begründen und zu diesem Ende mit Hülfe seiner Standesgenossen in die sich immer fester schliessende Kette deutscher Fürstenthümer eine Lücke brechen wollte. Der Feind, den sein erster Angriff treffen sollte, war der Erzbischof und Kurfürst von Trier. Am 27. Aug. 1522 kündigte er diesem die Fehde an. Zwar erliess auf des Kurfürsten Anrufen das Reichsregiment zu Nürnberg unter dem 1. Sept. ein Mandat an Sickingen, in welchem dieser unter Androhung der Acht und überdies einer Pön von 2000 Mark löth. Goldes aufgefordert wurde, sein Gewerb gegen Trier, als der goldenen Bulle und dem Landfrieden zuwider, von Stund an abzustellen: allein als dies Mandat einlief, war Sickingen bereits in das kurfürstliche Gebiet eingefallen, hatte Bliescastel genommen und lagerte vor St. Wendel. Auch auf Franzens Schaaren, an welche ähnliche Abmahnungen von Seiten des Regiments ergingen, machten diese wenig Eindruck, und so fiel, nach wiederholter Bestürmung, auch St. Wendel durch Uebergabe in die Hände des Siegers.

Jedoch wie der spätere für Sickingen verhängnisvolle Ausgang dieses zu übereilt unternommenen Feldzuges über seine, wie nicht minder über die höher gehenden Entwürfe und Schicksale seines Freundes Ulrich's v. Hutten entschieden hat: so beschloss während desselben auch sein Kampfgenosse und Hutten's Oheim Mangold v. Eberstein vor erreichtem Ziele seinen Lauf, — er, dem ebenso wie Sickingen in seinem „mannlich, ehrlich und trutzigem Gemüthe" nach seiner Aechtung der unternommene Kampf als ein Krieg auf Leben und Tod für die Errettung des gesammten mit dem Untergange bedrohten Ritterstandes galt, fiel, durch einen Schuss getroffen, bei der Belagerung von St. Wendel.

I.

1516. Mangolt von Eberstein zw Brandenstein hat einem erbern Rate allhie der stat Nürmberg einen verschlossen versigleten brief geleich einem reindts brief, darjnnen er sein Err verwart, bey einem Jungen Edelman, vlrich von Hutten Sune, zugeschickt, welcher brief mit seinem Namen nit vnter schriben, allein was der Junge angezaigt hat, das solcher brieff von mangolten von eberstain ausgangen sey. Der ist einem Burgermeister vberanttwordt am Samstag nach presentationis marie den 22 Nofembris anno vt Supra vnd Lautt der brief wie hernach volgt:

Mein dienst zuuor. Lieben freundt, Agatha odemeryn, mein verwante vnterthanin, hat mir vnter andern ann vnd fürbracht, wie sie durch die Euern aus Nürmberg zw Farnnbach In Irem Sytz freuenlich vnd gewaltiglich vberfallen, mercklich beschediget, Ir freunt einer vber alle Rechtgebott, So sy gethaun, erwürgt, Sy vnd Ir bruder geuerlich verwundt, darzw Ir hausratt, varenndt hab, pferdt vnd anders genomen, hynen gen Nürmberg gefürt vnd gebeutt worden etc. Darzu so sollen Ir ettlich Ewer mittbürger, wie die in eingelegtem verzaichnus verleibt, mercklich hab vnd gut zubezalen schuldig seyn, die sy bisher vber vill freuntlichs vnd güttlichs ansuchen von euch nit hab Erlangen noch bringen megen etc. Dieweil aber Ir solche beschedigung, an der meinen zu Farnbach geübt von den Ewern, bestadt die selben besthe das so vor vnd nach euer diener gewest In euer statt deshalb vngestrafft geliden vnd bey solcher freuenlichenn gewaltsamer that gehandelt fest, Auch die andern Ewer mittburger, So die meinen schuldig, zw keiner bezalung habt gehalten, derhalben hab vnd gut eins tails aus Nürmberg komen lassen, das alles meiner armen vnderthanen zw verderblichem schaden geraicht vnd gedient vnd Ir von Rechtswegen woll hett verkomen megen, es auch zuthun schuldig gewest etc.: Ist darumb an Euch mein begern vnd gesynen, das Ir nochmals der Frawen des halben nach pillichen dingen wie angezaigt wollt karung vnd abtrag thun, auch euer vnderthanen, In eingelegtem zettell begriffen, darzw halten vnd mit ernst vermegen, Sy angezaigt schulden an verrer behellff vnd auszug zueutrichten vnd zubezalen vnd der Ihenen schuldt, So Ir von euch aus Nürmberg habt khomen lassen, In hanngende vordrung selbst bezallen alles mit ablegung Empfangner scheden. Dan wo das In vier wochen den negsten nit geschee, nach dem Ich mit euch in ferrer schrifft zubegeben vnd zw komen nit gedenck noch vorhab vnd ich den mein, hern vnd Freundt Rat dartzu wirtt haben vnd auff wege gedencken, damit ich der meinen zu einbringnüs Irer gerechtikait meg behillfflich sein, will ich mich gegen Euch ytzo einiche zeitt vndverwartt haben. Darnach wist euch zw hallten. Datum vnter mein Insigl etc. Datum vff Freitag nach marthini (14. Nov.) Im xvj Jar.

Vberschrifft des briefs:
Den Ersamen weysen Burgermeistern vnd Rate der Statt Nürmberg, meinen gutten Freunden etc.

Zedula Im brief.

Item Michel Baumgarttner $\frac{1}{2}$ viii¹/₂ ^{C}gulden vnd iiij gulden mit vrtell vnd recht erlangt.

Item Heintz Woffloern. $\frac{1}{2}$ v^{C}gulden vngerisch Sambt andern, was In treuen gewest.

Item Hanns Meckenloern $\frac{1}{2}$ lvj fl. Laut seines vatters hantschrifft.

Item Hanns Bayr Lochauser genantt $\frac{1}{2}$ xxxvj marck viij lott vnd j. quintta Silbers, mere xxxx gulden, So Endres odemer zw solchem Silber dargelihen hott.

Auch hat vlrich Rottmundt ein brief, trifft an die kartheuser zw Ertfurt vmb M(?) gulden Silber geschirr, ist hintter Sy zw getreuer handt gelegt worden von thomas merckels wegen, stett mir auch zw, ist Im worden, da wir die taylung zw Erttfurt tetten, weis er woll, wie er Im In sein handt worden ist, hab ich auch nit von Im bekomen mügen vnd Er doch woll wais, das er mir zustett.

Item vmb die grossen gewaltsame thatt, die Ir mir Inn Farnnbach habt gethann vnd widerfarn ist durch die Euern, Nemlich den totschlag vnd ander gewalt acht ich auf xij^M gulden.

Item das ander, das ich (sic) mich von heuszlichen eren habt getriben vnd In das ellentt bracht, das yderman wisslich ist, wie ich vnd mein foruerder gesessen Sein, Das achtt ich auff viij ^{M} gulden etc.

II.

Auff Solch mangolt von Eberstains schreiben, Dieweil vnd das Selbig mit seinen Namen vnd Zunamen nit vntterschriben ist gewest, hatt ein Erber Rate ein Jungen puben aus dem marstall, stoffel . . . . . genant, mit gemelts von Eberstains Jungen Edellman reitten lassen vnd ein schrifft mit anzaigung, was vor mit andern vom adel durch die odhaimerin gehandelt ist, vnd auch, nach dem der brief nit vntterschriben, des wissen zw empfahen, ob solcher brief von Im, dem eberstain, ausgangen sey, vnd lautt der selbig eines Rats brief wie hernach volgt. Das ist geschcen am Samstag nach presentationis marie anno etc. vt supra:

Erber vnd vester, bey zaigern dits briefs, der sich für Ewern Raisigen knaben angezaigt hat, ist vns ein schrifft, darvntter doch kein Namen verzaichnet, zu komen laut Inligender Copey; wie wol vns Nun der knab darumben münttlich bericht, das solche schrifft von euch ausgangen vnd Ime von euch mit disem beuelch, vns die zuzubringen, behendigt sey, haben wir doch darauf aus mangel der vntterschrifft ainichen gewisen grundt nit stellen mogen, Sonnder vns entschlossen, zuuor bey euch aigentlichs beschaids zuerholn. Dan solt dise schrifft In euern namen vnd aus euerm beuelch an vns geferttigt sein, So bewegen wir die sachen dermassen, das Ir durch vnser burgerin Agatham Odhaimerin zu angezaigtem schreiben mit vngrundt neben der warheit seyt bewegt, vngezweifelt, wo Ir gedachter Odhaimerin fordrung bestendig erfarung gehabt, Ir hett euch enthalten der gestalt an vnns zw schreiben, wir wern auch als dan vrpütttig, Euch solche vntterrichtung vnd anttwurt zuthun, der Ir vnsers achtens aus pillikait wert gesettigt sein, vnd ist darauf an euch vnser dinstlich bitt, vns zuuerstendigen, ob dise schrifft In euerm Namen vnd aus euerm beuellch ausgangen, vnd so ferne dem also were, darauf vnser anttwort vnd vntterrichtigung zwgewartten. Das wollen wir vmb euch mit willen verdienen. Datum Samstag nach presentationis Marie (22. Nov.) Im xvj Jar.

Burgermeister vnd Rate der stat Nürnberg.

Dem Erbern vnd vesten Mangolten von Eberstain zu Brandenstain.

Zedula In dem verleibten Brief:

Erber vnd vester, wir geben euch demnach dabey gutter maynung zuuersteen, wie woll vns hieuor der gestrenge, Erber vnd veste her Marx von Berlichen zw Rottelsee, Ritter, Sambt etlichen andern, die sich vnserer burger der odhaimerin angenomen, Irenthalben schrifftlich ersucht, haben wir Inen doch der odhaimerin fürgeben im widerwertigen vnd souil grunds angezaigt, das Sy Irer vordrung abgestanden, sich auch derselben frauen gentzlich entschlagen haben. Datum vt In Literis.

Solche eins Erbern Rats vntterricht vnd anttwort hat der von Eberstain In seinem schlos Brandenstain nit annemen wollen vnd derhalben kein anttwort geben, Sunder Sein hausfraw dem knaben Im Marstall, Jorglein, so bey her Endres tucher gewest, durch dem Ime der brief wie oblaut zugeschickt ist, anttwurt geben lassen, Sy wisse Im kein anttwurt zugeben, Es habe Ir Edelman vor geschriben, das er einem Rate In diser sachen weitter nit schreiben wolle. Vnd ist darauf der pub Im stall, Jorglein vorgemelt, an Ein anttwort wider anhaims komen vnd kein beschaidt erlangt.

III.

1517. Am Samstag Nach Oculi Sanndt Benedicten tag (21. März) hat Mangelt von Eberstain bey Einem puben, der ein edelman vnd ein Junger von Miltz sein soll, einem erbern Rate abermals ein brief zugeschickt, darjnnen er sein hieuor gethane schrifft bekentt vnd bekreftigt, auch die Bitt derselben vernewet vnd der selben ferrer verursachung etc., dabey alspalb mit eingezogen der odhaimerin tochter, als ein erben Ires Vatters Linhart odhaimer. Vnd laut dieselbig schrifft wie hernach volgt:

Mein Dienst zuuor. Lieben Freundt, ich hab euch Jüngst ein schrifft, belangendt Agatha Odhaimerin, zugesendet, der Inhalt Ir an zweyffl vernomen. Nun habt Ir mir In anttwurt begegnet, das vnntter Solcher schrifft kein Namen bezaychnet sey, dauon Ir keinen grund auf solch schrifft habt mögen stellen. Dan solt die schrifft In meinem namen gefertigt sein, so bewegt Ir die sachen dermassen, das durch Agatha anbegründt neben der warheit angeben solch geschehen mit fernerm anhangk, So die schrifft In meinem namen ausgangen, mich dermassen zuberichten, das ich gesettiget Sein Sollt etc. **Nun** ist die warheit, das die schrifft vonn mir ausgangen vnd aus Irthum die

vnderschrift vnderlassen. Ich hab aber euer ferner schreiben nit wenig noch
klein geachtet, das mich Agatha aws vnwarheit zw solchem schreiben gegen
vnd an euch bewegen solt, vnd darauf alle Ir gerechtigkait, Erbschaft, testament,
vbergeben Cammergerichts, euere vnd andere vrttel mit Emssigen fleis
berathschlagen vnd ersehen lassen vnd befunden, wo die fordrung allein Ire
zustunden, das Sy der gutten grundt vnd fug het; Aber nachdem Linhart
odhaimer mit derselben Agatha ein Leibplich vnd Eliche Dochter, Helene
genant, verlassen vnd khein testament oder letzten willen gemacht, das derselben
Helena die Erbschaft, fordrung vnd gerechtigkait Leonhart, Ires vaters
seligen, haimgefallen, doch darjnn der mutter Agatha Ire mütterlich heyrattgut
vnd gerechtigkait fürbehalten. Dieweil mich Nun die selb Helena geleich Irer
mutter anlangt, will ich Sy In alle fordrung gezogen vnd hiemit mein vor vberschickten
schrift wider erholet haben mit erneuerung angeheffter Bitt vnd der
Selben ferner vervrsachung. Das hab ich euch auf euer letztes schreiben zu
anttwurt nit wollen verhalten, darnach haben zw richten. Geben auf Samstag
Nach Reminisere (sic) (14. März) anno etc. xvij.

Manngolt von Eberstain.

Den Ersamen Forsichtigen vnd weisen Burgermeistern
vnd Ratt der Statt Nürnberg,
meinen gutten Freunden.

IV.

Eins Rats antwurt auf Mangolt von Eberstains schreiben:

Erbar vnd vester, ewer widerschrifft, belanngct vnnser verpflichte vnd vngeledigte
burgerin Agathan Odhamerin, vnns yetzund zugesanndt mit anzaig,
das Ir vnnser Jüngstes schreiben nit klain geachtet vnd darauf gedachter Odhamerin
gerechtigkait, Erbschafft, Testament, vbergeben Camergerichts, vnnser
vnd ander vrtel mit emsigen vleys beratschlagen vnd ersehen lassen vnd besunnder,
das dise der odhamerin fordrung nit allain auf Sy, sonnder auch Helena
Irer tochter, nach absterben Ires vaters erwachsen sey, die Ir auch auf Ir anlanngen
in alle fordrung gezogen vnd damit ewer vor vberschickte schrifft
wider erholet haben wollet mit erneurung angeheffter bit vnd derselben ferrer
verursachung etc. haben wir alles Innhalts horn lesen vnd anfenngklich nit vnpillich
angezogen, das Ir von bemelter Odhamerin neben der warhait bericht
vnd mit vngrund In angezaigtem ewrm schreiben verursacht seyt, dann sich
wirdet der Odhamerin vnd Ir tochter fordrung, zuuor dhweil sie die gegen vnns
als dem Commun vndersteen zustellen, mit der zeit ganntz on grund vnd vnpillich
fürgenomen erfunden. Vnd das dem also vnd Ir augenscheinlich mocht
befinden, was fug oder vnfug die Odhamerin vnd Ir tochter gegen vnns haben
vnd suchen mog: So hat der gestrenng, Erbar vnd vest her Marx von Berlingen,
Ritter, zu Rottelsee verganngen Jar der odhamerin halben auch an
vnns geschriben, sich einer vbergab der odhaymerin fordrung, berombt vnd gegelegner
weis abtrags begert. Wir haben aber her Marxen laut Inligender
copej antwort vnd souil vnderrichtung gethan, das er der sachen bis her Rw
gegeben hat, wie Ir volligen bericht diser hanndlung aus solcher vnnser antwort
geleicher weyse habt zunemen, gutter zuuersicht, Ir werden euch frembde
sachen der maszen nit lieben, auch dise weibspersonen, die vnnser verpflichte

vnterthanen sein, dohin nit bewegen lassen, gegen vnns laut ewrs anfenngklichen bedrolichen schreibens thatlich zuhanndeln, sonnder diser vnser antwort vnnd vnderrichtigung gesettigt sein; wo aber nit, so sein wir vrpütig, wöllen euch auch hiemit zugeschriben haben, das wir euch auch der odhamerin vnd Irer tochter aller Irer vordrung halben Rechtens wie Recht ist sein vnd pflegen wollen vor Romischer kayserlicher Mayestat, vnnserm allergnedigsten herrn, Irer Mayestat Camergericht, den Stennden des Bunds Im lannd zu Swaben, auch den hochwirdigsten, hochwirdigen, durchleuchtigen, hochgebornen fürsten vnd herrn herrn Albrechten Ertzbischoue zu Mentz vnd Magdenburg Churfürsten etc., Georgen zu Bamberg etc., herr L. zu Würtzburg Bischoue, herrn Casimirn Marggraf zu Branndenburg oder gemeiner Ritterschafft Im lannde zu Francken, vnnser gnedigsten, gnedigen vnd günstigen herrn, wecher (sic) ende euch das gelieben wyll, vnd darzu der odhamerin oder euch zu den vnsern, zu den sy zuspruch haben vermainen, oder Iren Erben schleinigs Rechtens zuuerhelffen, verhofflich, euch solle dises vnser vbermessigs erpieten dohin bewegen, des settigung zutragen oder vber das der Odhamerin vnd Irer tochter nit mer anzunemen, sonnder die von euch zu weysen, dester genaigter beleyben wir euch, Dinstparkait vnnd guten willen zuerzaigen. Datum Sambstag nach oculj (21. März) 1517.

V.
Herrn Laurentzen Bischouen zu Würtzburg.

Gnediger herr, Mangolt von Eberstain hat vor disen tagen an vnns geschriben vnd sich ainer vnnser verpflichten vngehorsamen Burgerin, Agatha Odheimerin, vnd Irer tochter, Auch derselben vnbillichen vordrungen, So sy an vnns gestellt habe, vnderzogen mit ainem bedrolichen anhang. Darauf wir vnns auff darinn verleibte verwarnung thättlicher handlung müssen besorgen, vnd wiewol wir Ime darauf gar vollige vnderrichtnng gethan vnd vnns vmb alle solche vordrungen gegen Inen vff Romisch kaiserliche Mayestat, vnsern allergnedigsten herrn, Ir Mayestat loblichen Camergericht, gemeine stende des punds zu Schwaben, auch die hochwirdigsten, hochwirdigen, durchleuchtigen, hochgepornen fürsten vnd herrn herrn Albrechten, Ertzbischouen zu Menntz v. Magdenburg Churfürsten etc., herrn Georgen Bischoffen zu Bamberg, Ewer fürstliche gnaden, herrn Casimirn Marggraf zu Brandenburg vnd gemaine Ritterschafft Im land zu Francken, vnnser gnedigst, gnedig vnd günstig herrn, zu Rechtlichem ausztrag erpotten haben, seyen wir doch desz von Eberstains bedroelichen schreiben vnd verwarnung nach sorgfeltig, Er werde vngeachtet desz alles gegen den vnnsern vnd Iren güttern, zuuor die zu diser franckfurter mesz vnd wider darausz ewer fürstlichen gnaden glait berürn, vndersteen, was thattlichs vnd beschwerlichs fürzunemen, dhweil er doch kein schewhen tregt, sich vnnser verpflichten vnderthanen wider vns anzunemen vnd Ime ganntz frembde vordrungen dermasen leben zulassen. Zaigen wir euern fürstlichen gnaden vndertheniger mainung an, vnterthenigs vlaisz bittend, Die geruchen Irer furstlichen gnaden glait ytzo vnd an der vnnsern vnd Irer gütter haymwege mit guter gewarsam vnd solcher gestallt zubestellen, damit die vnsern mit Irn haben vnd personen sicher durchgepracht werden mögen; dann wir achten dafür, das es mit vortrail von dem von Eberstain fürgenomen sey, diser zeit der franckfurter mesz zuerwarten. Das wollen wir vmb euer fürstliche gnaden In vnderthenikeit verdienen. Datum Samstag nach oculj (21. März) 1517.

In eadem forma
Herrn Albrechten Ertzbischouen zu Mentz In abwesen
seiner fürstlichen gnaden Statthaltern zu Aschaffenburg,
Vnserm gnedigen herrn Marggraf Cazimirn, In abwesen
seiner fürstlichen gnaden hofmeister, Statthaltern vnd
Räten zu Onoltzbach.

VI.

Volgt hernach Agatha Odhamerin Veindsbrief.

Ich Agatha vnnd Helena Odhamerin thun Euch Burgermaister vnnd Rate vnnd ganntz gamain der Stat Nürmberg kunth zuwissen, nachdem Ir vnnser hab vnnd gut ein lannge zeit wider got, ere vnnd Recht genomen vnnd Innhabt, das nu auf den heutigen tag vber vnnser erlanngte Recht von euch nit bekommen mogen, das wir als arm wittbe vnd wais got clagen vnnd anruffen, vnns vnd vnnser gut, freundt vnd guter gesellen gnad zuuerleyhen, die vnns darjnn beholffen sein, vnnser habe vnnd gut von euch einzupringen, das wir frey einem yeden gestenndig sein wollen, von vnnsern wegen tettlich gegen euch, ewrn verwanten leib, habe vnd gut zu hanndeln so lanng wir vnser anfordrung von euch gestattung erlanngen vnnd euch deszhalben für vnns, vnnser helffer vnnd Irer helffers — vnser vnnd Ir aller ern hiemit nach noturfft zubewarn geschriben haben. Vnd wes Ir oder ewer verwannten also von vnnsern wegen schaden erlanngt, wie der gethon oder gehaissen wirt, nichts ausgenomen, das wollen wir einem yeden von vnnsern wegen euch gethon gestendig sein vnnd weiter zu antworten nit schuldig sein. Des wollen wir euch vnd verwannten zugeschriben haben zu Richten. Des vnser aigen hantschrifft. Zu vrkundth haben wir vnnser Innsigel zu ende diser schrifft getruckht. Geben auf montag Im Neunzehenden Jare.

Diser brief ist durch Marthin Bernecker ain Burger hie geantwort den 15 lmo. Ist Ime zu Würtzburg behendigt.

VII.

Schreiben des J. v. E. (Jorg v. Eberstein zu Ginolfs) an Margaretha v. Eberstein geb. v. Rosenberg, seine „Geschway". 1519 (Orig.).

Freuntliche libe geschwey, ich lasz euch wissen, das ich Ein von adel nider geworffen hab vnd verstein auch, das er ganz reich sein. Dar vmb, so sich mein vetter mangolt recht gechen mir wolt halten mit der schazach, wer ich des willes, im den vor ander zuvergunden, dan er sich von stundt schaczen werdt; ich wil leut genudt finde, dy in gern von mir an nemen, ich wils aber im gunden for ander. Last mich wissen, wey dy sach stein, wil er in an nemen, weil ich im den vmb xij or vberantwordten. Mein hant schryfft eyls an. xviiij.   J. v. E.

Der erbern vnd thugenhafftigen frauben margredt von eberstein geborn von rossenbergk, mein freuntlig liben geschway, der gehordt zw dysser breyff.

VIII.

1519. Volgt hernach Steffan Geygers messerers vnd Sygmund Heckels gefencknus vnd derselben ansage etc.

Sigmundt Heckel vnnd Steffan geyger haben samentlich vnd vnuerschaidenlich angesagt, als sy am Negsten tag nach Johannis baptiste Samstags (25. Juni) von Bamberg aus gein der Neunburg auff den marckt reitten wollen vnd des selben tags als sy vber den mayn bey Raickelsdorff komen, da sich das bambergisch glait geendet, weren Inen 4 Reutter, darunter ein pub gewest, vntter augen komen, die Ir harnisch gefürt vnd Ire armbrüst In den hülfftern. Dieselben 4 Reutter haben sy, sager, am ersten angeritten vnd gefragt, von wannen sy weren, den sy geanttwort: von Nürmberg, hetten sy Inen auch sagen müszen wie sy hiessen vnd Ire namen benennen. Als das beschehen, hetten die Reutter zw Inen gesagt: „wol dar! Ir müst mit vns zw vnserm hauptman reitten", vnd von stundan mit dem pratspis den geyger sere geschlagen anzureytten. Hett er, Sigmundt heckel, zum Reutter gesagt: „Lieber, far schon, schlag In nit so hartt, wollen wir doch gern mit euch reitten wohin Ir wolt", vnd also mit Inen angeriten. Vnd do haben sy die Reutter am ersten durch ein wasser, die ytsch genant, fleust für Koburg herab, gefürt vnd Iren weg auf Paunaw zw genomen. Vnd als sy auf ein püchsen schus gein Pawnaw kömen, haben sy den fus abgeworffen vnd auf die Rechten hand mit Inen In gros holtz getzogen, In dem selben holtz bey 4 stunden vmbgeritten, ein weil hintter sich ein weil für sich, vnd nachuolgent In dem holtz 3 stunden stil gelegen, Sy vnd die gewl gerut, vnd haben do ein wenig prots, so die Reutter mit In gefürt, gessen, aber nichts zu trincken gehabt. Des orts haben die Reutter Sie, sagere, benettigt, das sie schweren musten, nit von Inen zureitten. Vnd als es vngeuerlich des selben tag 2 stund nach mittag worden, habe der Reutter einer, den sy für hector pehaim, als man Inen seyt her gesagt, einen brief herfür getzogen vnd angezaigt, das Solcher brief der odhaimerin hantschrifft were, darumb wolt er sy nit schatzen, sunder was die odhaimerin mit Inen handlet, das wolt er geschehen lassen, vnd also von dem gemeltem holtz mit Inen, sagern, angeritten durch andere holtzer vnd felder auch dörffer, die sy nit wissen zunennen, vnuerholn vnd sy auch vngepunden gefürt pis In 10 vr In die nacht. Weren sy auff ein alt prochen perckschlos, Ires bedunckens an der sal gelegen, dan das wasser die sal darunter hin fleust, aber sy wissen das schlos nit zunennen. Auf dem selben schlos seyen gewest bey 6 oder 8 Jung edelleut mit Iren knechten, haben aber der selben keinen gekent noch nennen horen. Man hab sy von stundan nit In das schlos wollen einlassen, derhalben sy wol 2 stund heraussen In dem holtz gelegen. Vnd do sy, sager, In das schlos komen, haben sy die Reutter, so sy gefangen, „vetter" vnd „ohaim" müszen haissen vnd also In ein stuben gefürt, darjnnen die andern vom adel gewest, sich abgezogen vnd mit Inen vber

tisch gessen vnd truncken, auch mit den edell Leuten zu tancken müszen vnd
des nachts In gutte pett gelegt, weren die 4 Rewtter als tetter bey Inen In
der kamern gelegen. Des andern tags Suntags (26. Juni) vmb 2 stund auf den
tag weren sy wider auf gewest vnd an schewen vber die felder vnd strassen
geritten vnd In ein dorff, Ires achtens 2 meil wegs von Fül gelegen, komen.
daselbst In wirtshaus gezogen, da geessen vnd gefüttert, auch bey 2 stunden
darjnnen gerutt, nach dem sy den ersten bey 15 meil wegs geritten warn, als
dan dem geyger sein pferd Im veld tod blieben was vnd sy Ire pferd In dem
vorigen pergschlos haben steen lassen vnd andere gerutte pferd genomen. Vnd
vor dem bemelten wirtshaus Im dorff weren vngeuerlich bey 40 pauern vntter
einer Lintten gesessen, aber nichts darzu thun, vnd der wirt were nit anhaims
gewest, Sunder seine tochter, vnd heten auch dem wirt nichts für die zerung
geben vnd nachmittag widerumb aufgewest vnd an schewhen durch dorffer vnd
strassen geritten, als In dan ein pfaff In einem dorff zutrincken geben vnd vn-
geuerlich vmb 10 vr In die Nacht gein Prandenstain komen, daselbst ein
stund In einem holtz gelegen, ee man sy ein gelassen, vnd nachmaln In das
schlos Prandenstain durch drey thor gefürt In ein stuben, da sy sich abgezo-
gen, das nachtmal geessen vnd nachmaln In ein kammer gelegt zuschlaffen vnd
die 4 Reutter mit Inen In der selben kamer, sy, sager, aber schwern müszen
nit heraus zukomen pis auff weittern beschaid. Also weren sy des andern
tags (27. Juni) mit der odhaimerin komen, sy zubesichtigen, ob sys kennte,
sagt die odhaimerin, Sy kennet Ir nit. Do were nachmittag Mangolt von
Eberstain vnd Ires achtens hector Behaim vnd noch einer, den sy Junc-
kher michl nennten, komen vnd Ine, sagern, angezaigt, das sy kein schatzung
noch gelt von In begerten, allein solten sy Iren hern von Nürmberg schreiben,
damit die odhaimerin zw einem vertrag komen möcht vnd Ir das Ir volgen.
Darauff die gefangen die odhaimerin auch gepetten zuhelffen, damit sy von
statten kemen, den sy geanttwort, es stund In Ir macht nitt. Vnd als sy, sa-
ger, dem von Eberstain angezaigt, das In Ir macht nit stund, die herrn von
Nürmberg zuuermegen, die odhaimerin zuuertragen, hett Mangolt schatzung
an sy begert, darauff sy geanttwurt, sy wern arm gesellen vnd heten nichts,
het mangolt gesagt, sy solten sich selbs schatzen vnd was erpietten. Das
hetten sy thun müssen. Do hetten sy 100 fl. zugeben erpoten, das hett den
Reuttern hoch verschmacht vnd also den selben tag ligen lassen. Des andern
tags (28. Juni) were mangolt von eberstain wider komen vnd 1000 fl. vnd
nichts minder zw schatzen wollen haben vnd also hinweg gein Franckfurt
auf des königs erwelung (28. Juni 1519) geritten. Vnd als er vber 6 tag
her wider komen, hat mangolt der schatzung halb aber mit In, sagern, ge-
handelt vnd Im ende die schatzung vmb 600 fl. beschlossen vnd golt wolt
haben oder aber In die gefenncknus geen. Also haben sy, sager, aber mit Im
der schatzung halb gehanndelt, das er auff 550 fl. an golt komen. Haben sy,
sager, vntter anderm gehört, das die odhaimerin In einer andern kamer
seer gewaint vnd zu Irer tochter gesagt: „Das es got erparm, das die gutten
leutt souil gelts geben müszen vnd mir noch Dir keins dauon wirt!" Also
hetten sy Sigmundt heckel nach der schatzung zu fus hin weg geen lassen,
der gein Franckfurt solch gelt vntter den Juden aufpracht 600 fl., darfür ein
walch pürg worden, vnd solche schatzung für sich vnd den geyger 550 fl, bey

gailnhausen In Einem holtz bezalt, die 4 Reutter von Inen empfangen, darunter Hector Pehaim vnd sein knecht gewest vnd Mangolt von Eberstains knecht, die gesagt: „es ist euch allein vmb gelt zuthun vnd vns ein kappen vol flaisch. Die Reutter, so sy, sager, gefangen, haben alle angehabt schwartz ainfach kitl, rot kappen, grob hutt vnd geritten ein praun langschwantz mit eim maulkorg (sic), Das ist hector behaim gewest; der pub ein weissen langschwantz, die ander 2 Reutter appfellgrab schimel gemutzt vnd armprust In den hulfftern. Vnd der ein knecht, Wolff genannt, sey lang bey den von erfurt gewest vnd offt nach mathes melber gefragt, der In, sager, gesagt, das sy auf den melber gehalten.

IX.

Sebastian von Lautter, amptman zu Lor, schreiben an einen Erbarn Rat gütlicher hanndlung halb.

Mein freuntlichen dinst zuuor. Erbarn, fürsichtigen, günstigen herrn, mir ist fürkommen, wie der ernuest mangolt von Eberstain, der mir fruntschafft vnd nachparschafft halben verwannt, mit euch einer euer mitburgerin halben, die des Irn durch euch oder die ewern vnpilliche vergewaltigt sey, In Irrung stee, deszhalb gegen euch ein verwarung gethan, auch ettliche der ewrn darob gefanngen vnd geschatzt haben solle. Dhweil ich dann dieselb Irrung vnnd solchen widerwyll zwischen euch, als meinen günstigen herrn, vnnd Ime Mangolten, als meinem In sunder guten frundt vnd nachparn, nit gern sehe vnd dieselb Irrung ye gern hingelegt sehen wolt: Wu Ir dann hierjnnen gutlich vnuerpüntlich hanndlung fürzunemen leyden mocht, wolt Ich meines tayls mit andern, so der sachen verstenndig, egedachten Mangolten meins versehens zu solchem auch vermogen vnd alsdann vndersteen, müglichen fleys fürzuwennden, domit dieselb Irrung nach pillichen dingen bey vnd hingelegt werdt vnnd weitterung, so daraus mag ervolgen, vermitten plybe; begere hiuon bey gegenwertigen boten ewer beschriben antwort. Datum vff den Suntag Cantate (6. Mai) Anno etc. xx. *Bastian von Lautter,* Amptman zu Lor.
Den Erbarn fürsichtigen vnnd weysen herrn Burgermeistern vnd Rate der Stat zu Nürmberg, Meinen günstigen herrn.

X.

Eins Erbarn Rats antwurt auf Sebastian von Lauter schreiben vnd ansuchen gütlicher handlung.

Erbar vnd vester, bey gegenwertigem briefszaiger, ewrem poten, Ist vnns ewer schreiben, betreffendt Mangolten von Eberstain, geantwort, darjnn Ir euch neben andern zwischen gedachtem Mangolten von Eberstain vnnd vnnser gütliche vnuerpundene hanndlung fürzunemen anbietet, das haben wir seins Innhalts vernomen, vnnd ist war, gedachter Mangolt von Eberstain hat sich ainer vnnser verpflichten vnd vngeledigten Burgerin, Agatha Odhamerin genannt, sambt Irer tochter, die gegen vnns, als dem Commun, ettlich weytleufftig vngeschickt vnd gantz vngegründt vordrung, von sundern personen herrürende, geschopfft, angenommen vnd mer dann zu ainem mal Irn halben bedrölich geschriben. Wir haben auch alle mal darfür geacht, wo gemelter vom Eberstain nit sunst genaigt gewest, sein sichel in ainen frembden schnit zulegen, Ime were aus Rechtmessigen, vernünfftigen vrsachen pillich vbrig gestannden, sich derselben vnnser Burgerin wider vnns, als Ir ordenlich oberkait, zu vnderziehen vnnd anzunemen. Wiewol wir nun dem von Eberstain auf sein Jüngstes schrifftlichs an vnns gethanes ansuchen mit warhaffter antwort vnnd vnderrichtung begegnet, vnns auch nit allain gegen Ime, sonnder auch der Odhamerin vnd Irer tochter, der er sich angenomen, vmb alle Ire spruch vnnd fordrung zu volligen vbermessigen austrag, vnnd nemlich für weyland Romische kayserliche Mayestat vnsers Allergnedigsten herrn hochloblicher gedechtnus selbs person, Irer Mayestat Camergericht, die Stennde des Bunds Im lannd zu Schwaben, Auch die hochwirdigsten, hochwirdigen, durchleuchtigen, hochgebornen fürsten vnnd herrn herrn Albrechten des Stuls zu Rom Cardinal Ertzbischouen zu Menntz vnnd Magdenburg etc., herrn Georgen zu Bamberg vnd weylund herrn Laurentzen zu Würtzburg Bischoue, herrn Cazimirn Marggrafen zu Brandenburg etc. oder gemeine Ritterschafft Im lannde zu Francken, vnnser gnedigst, gnedig vnd günstig herrn, angepotten haben: Ist vnns doch darauf von genanntem von Eberstain nit allain kain ferrer antwort zugesanndt, sonnder vber das ain offne abclag, In Agatha vnnd Helena der Odhamerin, muter vnd tochter, namen ausgangen, geantwort, dieselben personen durch Mangolten von Eberstain offennlich enthalten, vndergeschlaifft vnnd gefürdert, vnnd darauf gegen etlichen vnnsern Burgern mit fancknus, schatzung vnd ander beschedigung gehanndelt, wie wir dess wissen tragen. Mit was scheinlichem pillichem grundt solch thattlich hanndlungen vber vnnser so statlich mer dann gnugsam rechtlich erpieten fürgenommen sind, stellen wir in ewer vnnd ains yeden vernünfftigen bedencken; zaigen euch aber solchs dinstlicher guter maynung vnd darumb an, das Ir aus dem allem bey euch selbs on zweyfel befinden vnd vrtailn mogt, das Mangolt von Eberstain ganntz nit vrsach gehabt oder noch hat, sich der gestalt vnnd in ainer so vngeschickten sach wider vnns zuuolgen, Auch warzu den vom Eberstain sein geübte handlung gegen vnns dem rechten vnd aller pillichait nach verpflichtet. So ferr Ir nun ainchen trost haben sollet, das dise Irrungen zwischen dem vom Eberstain vnnd vnnser mit gleichen mitteln, Aus denen wir vnns bey demselben vom Eberstain ains zimlichen widerlegens der vnsern erlittner beschedigung halben mochten vermuten, gefunden vnd beygelegt werden mog, wollen wir euch wo wir desz verstendigt werden vor andern gütlicher vnuerpuntener vnderhandlung euch zugefallen verfolgen, vff das menigklich spürn mag, wie auch desz vnsere vbermessige Rechtgebot anzaigung geben, das wir gantz nit genaigt, vyl Irrungen, darzu wir doch nit vrsacher sein, Im anhang oder die vom adel in fare zuhalten, wolten wir euch mit fleyssiger dancksagung ewres gethanen anpietens guter maynung nit pergen. Datum Donerstag nach Johannis ante portam latinam 10 May 1520.

XI.

Solich eins Erbarn Rats antwort hat Sebastian von Lautter, amptman zu Lor, Mangolten von Eberstain laut hernach uolgends missifs zugeschickt vund antwort empfangen wie hernachstet:
Mein dinst zuuor. Erbarn, fürsichtigen, günstigen herrn, In kurtz unerschinen tagen hab ich für mich selbst aus guter maynung ein schrifft, Mangolten von Eberstain betreffen, euch gethan, vff welche mir von euch widerumb antwort entstanden, die Ich gemeltem von Eberstain vberschickt; vnd wiewol ich dieselben Irrung ye gern hingelegt gesehen: So ist mir doch diszmals kein ander wider antwort von Ime Mangolten zukommen, dann wie Ir ab derselben hierjnnen verleybt zuuernemen habt. Das wolt Ich euch hinwider vneroffent nit lassen. Datum vff Vitj et modestj (15. Juni) Anno etc. xx⁰.

Bastian von Lautter, Amptman zu Lore.

XII.

Die eingeschlossen antwort Mangolten von Eberstains volgt hernach:
Mein freuntlichen dinst zuuoran. Lieber Swager, Ich hab dein schreiben, so du den von Nürmberg meinthalb gethan, vnd wes dir darauf für antwort worden alles verlesen vnnd wiewol solchs ausserhalb meins entpfelhs, wissens vnnd anregens villeucht aus deiner wol- vnnd guten maynung geschehen, Darauf Ich wyderumb vnnd früntlich anregens deiner schrifft zuerkennen gib, das Ich nicht gestenndig meiner person halb einer verwarunge, oder auch, das Ich In meinem hauss der Nürmberger burger In gefenngknus gehabt. Das ist aber die warhait, das bey mir ein zeitlanng Agatha Odhamerin vnd Helena ir tochter gewest vnd noch sind, die dann In fordrung lannge zeit gegen den von Nürmberg gestannden vnd noch, aber nye mogen gütlichen, fruntlichen oder sunst Sy zur pillichait oder gütigkait bewegen; hab ich Sie, dhweil sie sich zu mir gethan, zu mermaln beschriben, Auch etliche tröliche schrifft lassen susgeen, so kein milterung sich hat begeben wollen, alles der sachen zu gut vnd fürdrung, Ist aber alles vnfruchtpar vnd vergeblich mühe vff gelegt, das die arm trostlos obgemelt für sich vnnd Ir helffers helffer haben müssen den ernst aus grosser noturfft prauchen vnnd mit der that zu manung vnnd Innderung antassten lassen, darumb das Sy also gewaltigklich vffgehalten vmb geführt vnnd Irs erstannden vnnd erlanngten Rechtens nye hat mogen zu Rw vnnd fryden kommen sonnder In grosse geschwinde vnuermögliche vnausztregliche lanngkwirige verlennger ung mit Rechtgeboten sich vernemen lassen den armen oder doch eim andern vast grosserm vnnd hohers stannds damit zu vberlegen vormals auch mer vmbgefürt vnnd also in die lennge gesetzt das Ir mit nichts zuenden, glaub auch nit schuldig zuthun Sy hab aber der sachen alzeit zu gut vnnd fordrung souil nur ymmer moglich vffgehalten bis so lanng die gedacht Odhamerin ye nicht lennger hat wollen dulden. Vnd ob sy schon bey mir nicht were, so wurd sy danocht nicht verlassen werden. Vnnd als vyl ich der von Nürmberg schreiben so der zugeschickt vernomen So wollen sy nicht mit Ir vertragen So musz die arm egannges (sic) begegents besche-

hens vnnd an Ir geübts mit vnschuld Ires fugs vnnd gelegenhait pleyben lassen, hat ich dir Irnthalb vsz guter fruntlicher maynung nicht wollen verhalten mit bedanckung guts willens bin ich zuuerdienen willig. Geben vff Samstag nach Corporis Christi (9. Juni) Anno etc. xv^{c}vnd xx.

Mangolt von Eberstain.

Dem Ernuesten Bastian von Lauter, Amptman zu Lor, meinem fruntlichen lieben Swager.

XIII.

1520. Volgt nun hernach dreyer burger hie zu Nürmberg gefengknus, Mit Namen E n d r e s K o l e r, H a n n s S c h w e n t e n d o r f f e r vnnd H a n n s R i c h t e r, In Mangolten von Eberstains vnnd der Odhaimerin Namen bescheen, vnnd derselben Burger vnnd kaufleut ansag, hie nachmaln gethan; deszgleichen ein ansag eines Schulers S e b a s t i a n M a r q u a r t, so mit obbemelten dreyen Burgern ganngen, vnnd solche that ist bescheen am freytag In der goltfasten Im herbst (21. Sept.) Anno 1520.

Endres koler, Ringmacher, burger zu Nürmberg, In der graser gassen gesessen, Sagt bey seinem Bürgerlichen aid vnd pflicht, damit er ainem Erbarn Rat verwanndt ist, Nemlich verganngner tag Sey er von hynnen ausganngen, wollen gein Ach zu vnnser lieben Frawen vnnd am auff herziehen gein Franckfurt in die Mesz zu Hannsen Schwenttendorffer vnd Hannsen Richter, bede messerer vnd burger zu Nürmberg, kommen vnd sie bede gefragt, wann Sie auffsein vnd gen Nürmberg wollen ziehen, So woll Er mit Ine dohin gen vnd gutter gesell mit Inen sein; darauf Sy im geantwort: „gern, lieber Endres Koler, vnd wollen, ein got will, morgen auff sein etc." Also seyen sie drey am guldin mitwoch oder quottember (19. Sept.) zu Franckfurt miteinander ausganngen vnd denselben tag bis gein Aschenburg kommen. Item von Aschennburg am pfintztag (20. Sept.) In ein dorff komen mit namen Lenngenfelt vnd doselbst vber nacht alle drey beyeinander pliben. Vnd am Freitag frü (21. Sept.) Sey er, Sager, der Schwenttendorffer vnd Richter vorgemelt ausganngen vnd gen Remyngen kommen vnd doselbst ainen paurn vnd karren bestelt, Sie alle drey an die staig gein Würtzburg zefüren. Vnd als sie auf dem karren vngeuarlich bey ainer halben meyl von Remyngen vber ein wisen gefarn sein, dabey ist ain fliessender prun Im wysgrundt, vnd doselbst ain klain staiglein gen Würtzburg zu auffgefarn, vnd als sie schier zum ende der staig gefarn warn, Spricht der pauer, der sie fürt, zu Inen: „Es Reytten Reutter doher." Also sahen wir vns vmb vnd sprachen zueinander: „wer mügen die sein", Im selben Ritten die Reuter zu Inen zu. Warn vier Reuter, Nemlich ainer, der sich für ain e d e l m a n dargab, aber sich nit nennet (:war nach Nro. 17 Joachim von Thüngen:), het ain swartz praun pferd mit ainem lanngen swantz vnd het ein kemlein Reyt Rock bis vber die knye, Ain kappen vber die Nasen, ein groen zerschnitten hut mit gepunten federn, winten vnd Arm Brost vnd ain schwert mit zweyen schneiden. Mer ain k n e c h t mit ainem schwartzen mutzen praun farb vnd geklaidt wie der Edelman, Auch Armbrost, winten, pfeyl vnd schwert, hett die kappen vor der nasen vnd ist ain Ranige person. Mer ain knecht mit aim liechten kemlein Reyt

Rockh, het auch hut vnd kappen für die nasen, Winten, Armbrost vnd schwert vnd ain weys gemutzen schimel. Mer ain knab, ain starcker Junger, mit einem praun schwartzen klain pferd vnd geklaid wie der Edelman, der fürt am Sattel ain tusecken vnd die hülfftern von den Armbrosten. Sagt der paur, so sy fürt: „warlich! die Reuter haben dj nacht gehalten, steigt vom karren herab!" Vnd alspald sie abgestigen warn vom karren, da waren die vier vorgemelten Reyter mit Iren gespanten Armbrosten da vnd sagten: „wer seyt Ir?" Sagten wir: „von Nürmberg vnd farn von Franckfurt". Sagt der Edelman: „Ir seyt die Rechten, gebt euch gefanngen!" Antworten wir Im: „ach, liber Junckher, was wolt Ir vns zeyhen? wir sein gut arm hantwercks leut". Sagt der edelman: „kurtz vmb, Rürt an! Ir müst gefanngen sein." Also rürten wir Im an vnd gaben vns gefanngen. Also must der pauer, so sy gefürt, auch anrürn vnd hinweg farn vnd in zweyen tagen nichts dauon sagen, vnd must der paur von stundan mit dem leren karren hinweg vnbelonet farn. Vnd namen die vier Reuter sie all drey vngepunden zwischen sie vnd die pferd vnd musten also ledig so seer mit Inen geen, als sy Ritten durch zwey kleine tal vnd kamen an ein klein streuszholzlein in ain geackerts felt. Da huben Sy an zusagen: „Nun schantzt auf, was ewer yeder hab", vnd namen zum ersten dem Schwenttendorffer seinen wetschka. Darnach sagten Sy zum Hanns Richter: „gib her, was du hast"; also gab der Richter ain wenig gelt von Im, das thetten Sy In Schwenttendorffers wetschkan. Darnach sagten Sy zu Im, dem koler: „gib her, was hastu?" Sagt ich: „lieben Herrn, ich hab kain gelt, bin ein armer weller vnd kom von vnnser lieben frauen zu Ach vnd bin erst zu Franckfurt zu meinen gesellen kommen vnd hab mein gelt als verzert vnd hab euch nichtz zugeben". Also gaben die Reutter dem puben des Schwenttendorffers wetschkan. Sagt der edelman zum ainen knecht: „steig ab vnd pindt sy zusamen"; also staig der knecht ab vnd pand sy all drey zusamen an ain halffter, ain yeden bey einer hanndt, vnd Rytten zwen vor vnd zwen nach, vnd musten alle drey gepunden mit lauffen zwischen pferden vber die felder vnd durch holtz vngeuarlich bey 1½ meyl, vnd prachten sie also gepunden wider in ain dickh holtz. Also stund der edelman ab vnd pund sein pferd an ain stauden vnd legt sein armbrost in ain paum vnd schickt den puben vnd den ain knecht hinweg, gieng der Edelman hin vnd wider bey vnns. Der ander knecht sucht Im wetschka das gelt. Item sy namen die brief, prachen dieselben auf vnd lasen die, deszgleichen der Edelman las auch brief. Vnd funden ain brief, den stund an ein appotecker zu Nürmberg, wie der haist, Ist Ime, dem Sager, yetzo nit wissen. Vnd fragt der Edelman vnd sein knecht: „Wo ist der Appotecker? kumbt er nit pald hernach, vnd seind der kauffleut noch vyl danyden oder hintten hernach?" Sagt Schwenttendorffer, der H. Richter vnd Ich: „Das wissen wir nit". Also nam der knecht ain silbrin Rinckh aus dem wetschka, der was Schwentendorffers, vnd sagt zu Im: „wes ist der Rinck vnd das petschir?" Darauf antwort Schwenttendorffer: „Es ist mein". Nam der knecht den Rinck vnd steckt In an ein finger. In demselbigen kam der ander knecht widerumb zu Inen In das holtz gerytten; vnd alspald der knecht kam, da sasz der Edelman widerumb auf sein pferd vnd ritten die zwen miteinander vnd namen sy all drey gepunden an der halffter vnd fürten Sy wider ain weyl zu Ruck Im holtz hin vnd wider vnd fürten Sy in ein klain vorhen weldlein, vnd als sie darjnnen ain klain Ritten, hielten sy styll vnd stunden alle drey ab vnd punden die pferd an die paumen vnd hiessen sie all drey gepunden nyder sitzen vnd fienng der Edelmau an, Sagt: „Nun gebt her, was Ir habt, dann welcher das nit thut, so wird sein sach nit Recht steen, wann wir ettwas darüber bey Im finden, das sag ich euch für war, darumb so gebts als von euch, was Ir habt". Also warf Schwenttendorffer ain klain secklein mit gelt dara vnd sagt: „lieben Herrn, ich hab fürwar nit mer, Ich wyll mich gern besuchen lassen". Sagten sie zum Hanns Richter: „zeuch dein Rock ab!" Also zug der Richter den Rock ab, namen sy den Rock vnd praitten den auf vnd sagten zum Richter: „Nun gib auch her, was Du hast". Da gürtet der Richter sein wetscher auch ab vnd gab In den, darjnnen was gelt, vnd must sy darnach gar aufthun vnd abziehen, also funden sy nichts mer bey Im dem Richter. Darnach sagten sie zu Ime, dem koler: „gib her, was du hast". Antwort er, der koler, vnd sagt: „Ich hab euch vor gesagt, das ich nichts hab, vnd bin ein armer weller". Sagten sie: „gib her dein wetschker auch". Also namen sie den von Im; was darjnnen bey 1½ fl. an müntz. Also namen sie des Schwenttendorffers, des Ricktters vnd sein, des kolers, wetschker vnd das secklein, Auch sie alle drey hetten, vnd schütten das auf des Richters Rock vnd klaubten das gelt auseinander, vnd seins bedunckens vngeuarlich ist des gelts bey 10 oder 12 fl. gewest. Vnd funden darunder ain guldin, der des Schwenttendorfers gewest ist, gilt bey xij lb. geltz, vnd fragt der Edelman: „was gült der guldin". Sagt Schwenttendorffer: „xij lb." Also tailten sy das gelt in fünff tail. Im selben kam der pub widerumb gerytten, dem gaben sy auch ettlich pfennig dauon. Also pald nach dem puben kamen zwen zu fusz, hett Ir yeder ein geschwertzten kittel an, der ain groe kemlein kappen vnd groe zuschnitten hut auf. Es hat auch ain yeder leyen hosen vnd nyder schuch an gehabt vnd haben ain schweinspies vnd ain lang messer gehabt. Der ain was ain schwartz, kurtz knecht vnd het kain lanngen part; der ander was ein Junger weysser gesell. Vnd dieselben zwen brachten mit Incn ain zyne flaschen mit wein bey dreyen maszen vnd ain klain plechen fleschlein mit wein bei 2 drittail, ain protfisch In aim tüchlein vnd ain layb prots vnd gaben das den Reuttern. Also nam der Edelman den protfisch vnd prach In voneinander vnd der knecht zerschnit den layb. Also gaben Sy Inen drey gefanngen den protfisch halb, das klein fleschlein mit wein vnd brot darzu zuessen. Vnd das ander truncken vnd assen die Reutter vnd fuszknecht zum tayl miteinander. Nachuolgend stunden die Reuter auf vnd sprach der Edelman zum zweyen fuszknechten: „thut strick her vnd pynt die gefanngen!" Also zog der ain fuszknecht ein pfeningstrick aus dem pusen vnd panndt den Schwenttendorffer an ain paumen In gemeltem holtz. Darnach haben sie den Hanns Richter mit ainer grossen Rebschnur an ein pawmen gepunden. Nachuolgend namen sie In, den koler, vnd punden In auch an ein paumen, vnd der Edelman stach In selbs durch den Rockh vnd panndt In mit ainer halffter selbs. Vnd musten alle drey also gepunden an den pawmen sitzen vnd gienngen die Reutter vnd fuszknecht ain klain von vnns vnd plyben nit lanng ausz vnd kamen wider; was sie thetten, Ist Im, dem sager, nit wissend. Also kamen sie all pald herwider vnd sassen die vorgemelten vier Reutter auf vnd ritten hinwegk vnd blyben die zwen fuszknecht bey Inen.

Vnd als sie den tag also wie uorstet gefanngen warn vnd mit Inen also gehanndelt was worden, plyben dj zwen vorgemelten fuszknecht bis die nacht her gieng allain bei Inen Im holtz vnd tryben viel vnnützer Rede mit Inen. Sonnderlich sagten sie vom tetzel, der gefanngen ist gelegen, ob er tod were oder noch lebte; Item von Herr Endres tucher vnd wolten, das sy In für vnns hetten, So must er Inen ain tausent guldin oder zwey geben, wer Ine Nutzer dann wir; Item: „was seyt Ir hanntwercker für thoret leut, das Ir In der gemain nit ains miteinander wert vnd schlacht die herrn Im Rat zu tod, dann Ir seyt mer dann sie, vnd faht ein ander Regiment an, dann es kann sich nyemanndt vor Irem grossen gewalt vnd gut geregen vnd wollen alle menschen einthun". Also nach den Reden als es nacht wurd, da punten dj zwen fuszknecht vnns alle drey von paumen vnd punten vnns erst alle zusamen vnd fürten vnns durch zwerch holtz ain klaine weyl vnd setzten vnns alle drey zusamen auf ein abgefallen paumen vnd liessen vnns bey ainer viertel stund sitzen, vnd gienng der ain fuszknecht vnd klaubt nuss vnd gab vnns die zu essen. Darnach da es gar dunckel ward, da namen vnns die zwen fuszknecht vnd fürten vnns vber ain weit zwerch felt, vnd als sie bey einer stund ganngen warn, kamen sie vber ain hohe zu einem dorff, darjnnen sie vyl liecht sahen scheinen; was oder wie die haist wisz er, der sager, nit, dorften auch solchs nit fragen noch Reden, vrsach, dann die zwen fuszknecht zu einannder sagten: „welcher schreit oder Redt, so stosz den spies In sy!" Vnd als sie für solch dorf bey der nacht kamen, fürten sy vnns wider vber zwerch felt vngeuarlich bey ainer halben meyl vnd kamen wider zu einem klain dörfflein vnd lag zu der rechten hanndt ain kirchlein vnd ein heuslein, wie es aber gestalt was, konnten bey der nacht nit aigentlich sehen. Vnd als sie doselbst vnns vber ain anger fürten, vngeuarlich bey ainer halben stund, da kamen sie zu ainer wachalter stauden vnd hiessen Sy nyder sitzen. Da sassen sy bey ainer viertel stund vnd gieng der ain knecht von Inn vnd plyb der ander bey vnns, vnd der knecht, der von vnns gienng, fienng an zuschwigeln. Also kamen gar pald die vorigen zwen oder drey Reutter, vnd sprach der fuszknecht, der bey vnns, den gefanngen, plyb: „stet auf vnd get mit vnns!" Also giengen wir zwu ackerlenng mit den Reuttern vnd fuszknechten. In dem fienng der Edelman an vnd sagt zun knechten: „fluchs! nem yeder ain auf das Rosz hintter In." Also lösten die zwen fuszknecht vnns von einander vnd huben vnns hinter die Reutter vnd warn dannocht yeder gepunden vnnd Raytten mit vnns dauon, Also das wir nit wusten, wo die zwen fuszknecht hin kommen, vnd der Edelman Rayt vor an mit seinen gesellen ainen, Item er, der Koler, In der mitt mit dem knecht auf dem mutzen Vnd der annder sein gesell mit dem andern knecht hinten hernach. Fürten Sy vber zwerch felt bey ainer stund vnd kamen an ain holtz vnd fürten sie ain stainigen weg auch wol ain stund lanng. Also kamen sie an ain staig vnd perg vnd fürten sie hinauf vnd musten vnter wegen styll halten, das die pferd Ruten vnd verschnauten. Nachuolgend kamen sie an ein tieffen weg, alles noch In der nahent, do musten wir drey gefanngen absitzen vnd wissten nit, wo wir warn, dann allain ain schein von wasser sahe ich, der sager. Also musten wir all drey gepunden yeder mit Ir aym nach geen vnd lauffen. Vnd als wir also gepunden vngeuarlich bey einem viertel einer stund giengen, da kamen wir zu ainem kloster oder Schlos (:war nach Nr. 17 das Thüngen'sche Schlosz „zum Zeitloffs genannt, ein Wasserhaus":), do stunden die thor offenn vnd pullen die hundt, vnd fürten vnns durch ein offenn thor vnd Rayten zu der Rechten hannd In einem zirckel durch den hof aus vnd raysz der Edelman ain hultzen gatter auf vnd kamen wider an ein tieffen weg an ain holtz zu beden seytten vnd was fast vmb mitternacht. Also fürten sy vnns bey ainer halben viertelstund. Im selben tieffen weg vnd bey der nacht loset sich koler auf mit den zenen vnd hennden vnd fiel Im holtz vber ein Ranngen gegen dem Mayn In die stauden, vnd ward der Reuter sein nit gewar, vrsach, das er den strick, daran er gepunden was vnd den der Reuter In hennden hett, bandt er durch das gerayd auf dem pferd an, das er nit lotter sunder gestracks was. Vnd als Sy vngeuarlich als weyt als von predigern an die fleischprucken gerytten warn seins bedunckens, kruch er, der sager, vnder den Ranngen hinauf vnd lieff die nacht das holtz ein. Vnd als sie, die Reutter, des gewar wurden, das sy In verlorn hetten, fienngen sie an zuschreyen: „Hoscha! hoscha! etc.". Aber er ducket sich in dem holtz, dann es Regnet vnd was wintig, vnd setzet sich in ain aichen stauden bis es tag ward. Also da es tag ward, stund er auf vnd sach sich vmb vnd giennng ain weyl Im holtz vnd sach ain klain Stetlein am Mayn, vnd ligt ain weys Schlosslein ob dem Stetlein vnd das Schloslein hat ain hohen thurn. Item bey dem Stetlein Im grundt fliessen vier wasser yedes besunder vnd kommen alle In Main. Seins bedunckens haist das Stetlein Gemyn oder Gmynaw vnd ist des Bischofs von Würtzburg. Also kam er In ein klein dorfflein am Mayn vnd fragt wye weit noch gen Würtzburg were, sagt Im ain paur vier meyl. Doselbst Im dorfflein, des namen er nit wais, bat er ain paurn, In gen Würtzburg zufürn vnd Im ain kittel anzuleyhen, dann er besorgte sich, die Reuter kemen Im nach vnd kennten In bey seinem schwartzen Rock, vnd bracht ainen pawrn zuwege, der Im ain kittel lyhe vnd mit Im an Main hinauf gienng ain meyl wegs. Also furn Sy bey ein klain Stetlein des Bischofs von Würtzburg vber, wie das haist Ist Im empfallen. Vnd am guldin Suntag (23. Sept.) kam Er gein Würtzburg vnd gab dem paurn ain halben guldin zw lon. Item Er, der Sager, wysz nit, wesz gefanngner er gewest sey; Aber ain mal hort er vnter andern Reden den von Rüdickhain nennen. Item Er, der Sager, glaub gütlich vnd vermut sich gentzlich, der Schwenttendorffer vnd Richter ligen auff dem Reyssenberg, dann der paur, der mit Im gienng, sagt, es legen vyl schnapphenlein doselbst (:sie lagen aber auf dem Brandenstein:).

XIV.

Sebastian Marquart, eins schulers, ansag Montag nach Mauricy (24. Sept.) 1520.

Sagt am Freitag yetzund vergannen (21. Sept.) sey er, sager, mit sambt einem messerer, der bey thoma Felnstain arbait der wehe genannt, von Franckfurt herauf gein Nürmberg gannngen; Deszgleichen wer der Endres Koler, Hanns Schwenttendorffer vnd Hanns Richter auch mit Inen gannugen. Vnd als sie gein Remlingen kommen, haben sich die yetzbenannten Koler, Schwenttendorffer vnd Richter auf ainen karren, den sie doselbst gemyet, gesetzt vnd darauf bis an die staig bey Würtzburg füren wollen. Aber er, sager, vnd der messerer seyen nit gefarn, sonnder hinden gemach nach dem karren ganngen. Vnd als sie vngeuarlich ein meyl wegs von Ramlingen, Im Habichtal genannt kommen, hetten doselbst drey Reutter, die gespannte armbbrost vnd pfeyl vor der sennen gehabt, sambt einem puben sie zwen hinter dem karren angesprengt vnd gefragt, wer die wern, so dauorn auf dem karren furen; denen sie geantwort, sie weren weller vnd von Ach herauf gezogen. Alspald hetten sie von Inen beden gelassen vnd wern fürohin zum karren gerytten vnd ee er, sager, vnd sein gesell hinzu zum karren kommen, wern Ir zwen schon vom karren gestigen, deszgleichen were der dritt auch herab gestigen. Die hetten sie nachmals mit Inen in das holtz gefürt; Was sie weiter mit Inen gehandelt, wisz er nit. Vnd der karren man hab wider vmb kert vnd haym gefarn. Vnd wiewol er, sager, vnd sein gesell doselbst in ainem dorff, nit weit von Remlingen auf einem perg gelegen, solchs den paurn angesagt, hab doch nyemannd wollen nacheyln vnd gesagt, wann sie glait hetten, so wolten sie nacheyln. Item die drey haben alle gro Rockh gefürt, Deszgleichen der knab vnd klain gelb strich in den ermeln, Einer ein schimel vnd die andern drey schwartz praun gerytten. Er hat auch angezaigt, Er, sager, hab dazumal wol gewist, das Ir mer von Franckfurt hernach gienngen, darumb hab er dem karrenman gesagt vnd gebeten, wann sie Im begegneten, das er Inen solchs solt ansagen; der hab aber dasselbig, wie sy Ime hernach gesagt, nit thun vnd einich meldung diser ding gar nit angesagt.

XV.

1520 ad 29 october.

Hanns Richter, Hanns Schwenttendorffer sagen, das sy gefürt hintter Remling vnd denselben tag nit hoch perg, aber darnach den andern tag gros perg vnd tal gefürt vnd In allen dreyen genomen bey 15 fl. vnd vnter sich Im feld geteilt vnd In essen pracht vnd alle bey nacht gezogen vnd die gantzen nacht gerytten haben, wissen nit wohin vnd sollen zwen vom adel (:Joachim v. Thüngen und ein Rüdigheim, s. oben Nr. 13:) vnter den vier Reuttern gewest. Vnd als man sie In das haus (:d. i. in das Schlosz Brandenstein; s. Nr. 17:) pracht, hab man dem einen ein Rydenpannt angelegt vnd dem andern hennd vnd fusz zusamen in eysen geschlossen. Vnd sagen, das haus lig an einem perg vnd sein In der Odhamerin namen geschatzt. Vnd am Eritag nach dem guldin Suntag (25. Sept.) do hab man den schweitzer (:Jacob Grübel, vgl. Nr. 19:) auch zu In pracht. Vnd als sie darnach alle In ainem stüblein gelegen, haben Sy einen brief gefunden, der laut mit der vberschrifft: „an Mangolten von Eberstain". Hanns Schwentendorfer sagt, das kein wasser Im Schlos sey, sunder man für das auf kerren vnd Eseln hinauf. Vnd Schwentendorfer hab nach dem gelt gein Leiptzigk geritten. Der hat 250 fl. aufpracht für sie bede. Als er am Eritag zu abent (25. Sept.) anszgelassen vnd nach dem gelt solt, ist er von einem alten mann gefürt vnd kommen in ain dorf, soll vnten daran ligen vnd ein herrnsitzlein darjnn. Ist darnach In ein dorf kommen, wisz aber nit wo, es sey ein Schulthais darjnn, ein Rot man In eim Roten part, vnd nit weit vom Rockenstul ein Schlos vber ein gewenndt vnd kotten ist ein herrnsitz vnd dorf, vnd haben bey eim huf-

schmid benacht. Vnd zwischen den beden Schlossen ligt ein mül, die opffel-
mül, do hat man die schatzung genomen vnd ligt bey einem dorff, haist mürtz,
vnter dem Rockenstul, vnd ein halbe meyl dauon ligt ein stetlein, haist geisz.

XVI.

Die drey Kauffleut, so von Franckfort gezogen, mit namen Endres Koler,
Hanns schwenttendorffer vnd Hanns Richter, sein zu fussen ganngen bis gen
Remling. Doselbst haben Sy ainen karren gemüt, bis gein Wilrtzburg sy zu-
füren an die staig. Vnd als sy vngeuarlich ain meyl von Remling gefarn In
das Habichtal, do haben drey Reuter vnd ein pub sie angesprengt vnd von
dem karren genotigt vnd sie gefenngklich angenomen, hinwegk gefürt vnd bey
den Rossen lauffen müssen, der karrman zu Ruckh gefarn vnd also zwen tag
vnd nacht gefürt. Vnd vnter wegen, als sy bey den Rossen lauffen müssen,
hat sich Endres Koler mit den zenen den strick, damit er gepunden gewest,
auffgelost vnd bey der nacht In ainem holtz an einem perg entloffen; die an-
dern zwen weiter gefürt In ain haus, des namen Sy nit wissen, vnd doselbst
erstlich dem einen ein Rydenpand angelegt, dem andern henndt vnd fusz in
ain eysen gefenngknus zusamen geschlossen, das der krupfft hat müssen sitzen,
In darnach, so sie sich geschatzt, aus den pannden in ain stuben gethan, In vnd
den Hanns Schwenttendorffer ausgelassen nach dem gelt gein Leiptzigk vnd
den Hanns Richter zu pfannd behalten. Derselbig Schwenttendorffer hat die
250 fl. pracht seinem zusagen nach zu einer Mül, die opffelmül genannt, ligt
bey einem dorff, haist müenz (?) vnd das Schlos Rockenstul, vnd ligt ein
Stetlein dauon ein halb meyl, haist geys. Die Reutter hat einer ein schwar-
tzen Rockh, die andern grob mit gelben kodern, der ein einen schimel vnd die
andern drey schwartze praune pferdt. Als sie gefanngen, Ist In allen dreyen
genomen bey 15 fl., das die Reuter Im veld getailt.

XVII.

Handlung bey Graf Jorgen von Wertheym bescheen.
Item an einen Erbarn Rat hat gelanngt, das graf Jorg von Wert-
haym ettlich Reutter ernyder geworffen vnd In fenngknus haben
solt, so Endresen Koler, Hanns Richter vnd Hanns Schwenttendorf-
fer gefanngen, derhalben Ein Erbar Rat gemeltem grafen darumb
geschriben mit bit, Rechtens gegen den gefanngen zuuerhelffen;
Aber einem Erbarn Rat ist dazumal schimpflich antwort derhalben
worden. Darauf ein Erbar Rat verursacht, Hannsen pfannmussen
mit einer Credentz zu gemeltem graf Jorgen von Werthaym münt-
lich zuschicken, der gefangen halben Rechts zubegern. Der hat
einem Erbarn Rat widerumb geschriben, was Ime derhalben bege-
gent vnd darnach seinem schreiben gemesz sein Relation vnd ansag
auch gethan:

Fürsichtigen Erbarn vnd weysen, Mein gantz gehorsam willig dinst sind
ewer Erbarkeit alzeit mit gantzem fleis zuuor. Günstigen lieben herrn! Als
ich von e. f. w. zu meinem gnedigen herrn graf Jorgen von Werthaym zu

Reiten abgefertigt, füg ich ewer Erbarkeit zu wissen, das ich auf die Credentz bey seinen gnaden der gefanngen theter halben hab gehandelt, Aber vor vnd ehe ich zu seinen gnaden kommen, vnd nachuolgent auf seiner gnaden bericht, das er dieselben gefangen auf widerstallung ledig gelassen mit diesem anhang, das er sie furter in kainen weg gedenck ledig zulassen, sie geben dann die schatzung vnd was sie den dreyen burgern genomen wider, des versicht sich der graf In ainem monat zugescheen. Wiewol ich erstlich von dem grafen zu den gefanngen frag vnd Rechtens zugestatten begeret, als ob ich kein wissen het, das sie ledig gelassen, ist mir solchs vom grafen abgelaint vnd dise antwort worden, das er e. f. w. kains Rechten oder frag, wo er die noch bey hannden hett, vorgehabt zugestatten aus disen vrsachen, dann der gemain adel, zuuor die vmbligenden fürsten, trügen sunst vngnad vnd vngunst zu Ime, als wolt er der sein, der alle sachen wolt ausz Reutten. Man hett vor hundert Jarn den leutten auch genomen, es wurd Im an der letz schwer vnd vyl adels auf sich laden, das an Ime ausgeen wurd, wie Ime dann von ettlichen vom adel offennlich vnter augen gesagt sey worden. Vnnd ob er gleich e. f. w. Rechts gestatt het, so were doch e. f. w. nit so gar wol beholffen. Wo er aber die hanndlung dohin mocht bringen, das sie die schatzung wie obgemelt wider geben, gedeucht In nach gelegenhait der sachen nit vbel gefochten sein, Wie man dann teglich derhalben taydingt, darjnn er dann gar kein fleis wyll sparen, des sich e. f. w. gentzlich zu Ime versehen sollen.

Ferrer hat mich mein gnediger herr graf Jorg bericht des Jungen gesellen (:Jacob grübel, s. Nr. 19:) halben, der dem Jacob krumen zu Sannd Gallen oder Hannsen Heussen zustet, der noch gefanngen ligt, das gedachtem grafen die kuntschafft worden, das ein edelman, Philips truchsasz von Vszleben genannt, denselben Jungen bei einem schlos than genannt gefanngen, den nachmaln gein Prandenstain gefürt, des ende er noch gefanngen lige. Derselb Philip truchsass hab ein bruder, paulus truchsass genannt, der sey am Würtzburgischen hof. Solchs hab der Bischof von Würtzburg erfarn vnd entlich lassen verschaffen, das der Jung von Sannd Gallen on ainich schatzung ledig soll gelassen werden; Aber nichts desto weniger haben sie den Jungen vmb 5 oder 6 hundert gnldin (:waren nur 200 fl., vgl. Nr. 19:) haimlich geschatzt vnnd vermeinen doch dem Bischof anzuzaigen, er were on schatzung ledig gelassen. Mogen e. f. w. dem Heussen (:der später, im Dec., dem Schweizer die 200 fl. Lösegeld zuschickte, vgl. Nr. 19:) solchs anzaigen, wo sie die schatzung nit geben, das sie verziehen; dann der graf acht darfür, wo man nit eyl, er werd ledig. Ob aber Philips truchsass Würtzburgisch oder ander Würtzburgisch bey diser that gewest, das ist mir verporgen, aber es gibt ein grosse vermutung, das sich der Bischof darein schlecht, dem villeucht die sorg auf dem Ruckh ligt. Darauf hat mir der graf beuolhen, Ich soll ain tag zu Würtzburg verziehen vnd mich desz bey dem Camermaister oder andern, do ich bekannt sey, horn lassen, versehe er sich gentzlich, sy werden solchs Irem gnedigen herrn zuwissen thun; dann es ist ein gros geschray Im Lanndt zu Francken, das diser kaiser den Raubern veind sey vnd das er vyl Schlosser vnd Raubheuser woll zerstorn, das die Francken eins tails nit gern horn. Auf solchs bin ich willens, morgen zuuzuziehen vnd mich bey dem Camermeister anzuzaigen, der mich ausserhalb des am hinab Reiten wider zu Ime hat beschiden.

Ferrner so hat mich graf Jorg bericht, das er kuntschaft hab, das man 2 von Nürmberg (:M. Haller und St. Seusinger können es nicht gewesen sein, da diese erst viel später aus der Gefangenschaft befreit wurden:) bei Koburg hab gefanngen vnd die gein Brandenstain gefürt. Die hab man geschatzt, dieselben schatzung haben die theter bey Hanaw zu einer ziegelhütten eingenomen.

Die drey kauffleut, so von Franckfurter mesz herauf gefangen worden, die sind die ersten nacht In ein Schloss zum Zeitloffs genannt von Joachim von thüngen dahin gefürt worden, ein wasser haus, herr Neythart von Thüngen der halbtail angehörig, vnd nachuolgend gein Brandenstein gefürt worden, des orts gefenngklich enthalten.

Die thetter oder verwannten der sachen, die der graf gefengklich gehabt, haissen wie hernach stet: Marcel von Weiler hat ain pferd darbey gehabt, Nabuckodonosor Voyt auch ein pferd, wiewol als der graf sagt, das Ir person nit dabey gewest, er hab aber zeichen, meins achtens ein Ring vnd ein laung messer, das der kauffleut gewest, bey In funden; Mer ein knecht bey dem von eberstain, der soll auch nit bey dem angriff der kauffleut gewest sein; Mer ein knecht Hanns Schau, der sey der rechten theter ainer gewest, der ist dem grafen, als er sich hat sollen stellen, treielos worden. Die hat er Im Wirtshaus zu vrsprung, ein wasserhaus, den Voyten angehörig, betretten; Aber ain Edelman: marsilius Voyt, der ist enttrunen, acht ich, er sey der rechten auch ainer gewest, der bey den andern Im Wirtzhaus gewest vnnd In das Schlos entloffen. Als aber der graf das Schlos erobert, ist er In der nacht dauor dauon kommen.

Solchs alles wie angezaigt hab ich auf vnderrichtung meins gnedigen herrn von Wertheim e. f. g. (sic) gehorsamlichs fleis nit wollen verhalten, zu der dinst ich mich alzeit gantz gehorsamlich vnd willig erpeut. Datum Würtzburg am Montag nach Sanndt Martins tag (12. Nov.) vier stund in dj nacht Anno etc. xx.

E. f. W. gehorsamer Diener

Hanns pfanmus.

Den Fürsichtigen Erbarn vnnd weisen Burgermaister vnd Rate der Stat Nürmberg, meinen günstigen lieben herrn.

XVIII.

Mates Hallers, wilhelm Hallers Sun, gefengknus vnd desselben ansage.

Mathes Haller, wilhelm Hallers Sun, Burger hie, hat am Eritag nach Inuocauit den 19 Febrer (1521) angesagt, des sein gefennckntus, an Ime beschehen, ergangen sey wie hernach volgt.

Anmerk. Die Aussage Hallers ist im Codex nicht eingetragen. Derselbe befand sich als Gefangener bereits im Sept. 1520 auf dem Brandenstein, vgl. Nr. 19.

XIX.

Die gefengknus eines **schweitzers, Jacob grübel von Sand Gallen** genannt, In Mangolten von Eberstains vnnd der Odhamerin hanndt bescheen vnnd zum Brandenstain gefenngklich gelegen vnnd doselbst geschatzt, auch desselben Schweitzers Jacob grübels ansag.

Am Suntag vor Michaelis nechstuerganngen (23. Sept.) sey er mit sambt Valentin kerb von Posen, des voglwaiders diener von Kracka, des Ludwig Engelharts Son von Dorn vnd des Lanndschreibers Son von Marggraf Bada von Franckfurt am Mayn ausgeritten vnnd In maynung gewest, gein Leipzig zu Reyten. Als nnn alle fünff zu Franckfurt herausz geritten auf hemau zu vnnd kein glait gehabt, hetten sie vier Reuter gesehen vnd sie sich gen Hema zugenahent. Vnd als sie doselbst hinkommen, hetten er, sager, vnd sein gesellen gern glait vnd einen glaitsman gehabt, aber des nit bekommen mögen vnd also on glait hin Reuten müssen vnd auf geylhausen geritten. Vnd als sie zu geylhausen heraus geritten auf Salminster zu bey einer prucken, do wern die vier Reuter Inen entgegen kommen vnd sie alle angeredt wer sie wern. Das het nun Ir yeglicher sonnderhait angezaigt. Also hetten sie In, sager, vnd sein gesellen alle gefanngen genomen vnd doch Ime, dem Sager, zuuersteen geben, er solt ein weyl mit Reyten, Sie wolten In, dhweil er ein schweitzer were, widerumb reiten lassen. Also hett er sager vngeuarlich vff ein stund mit Reyten müssen. Do hetten sie Ine, sager, vnd des Lanndschreibers Sun von Paden, der dann ein poten püchsen bey Ime gehabt, reyten lassen vnd die andern drey hingefürt. Wohin vnd wie mit denselben gehanndelt, sey Ime nit grüntlich wissend. Also were er, sager, vnd sein gesell von den Reuttern hingerytten gen Schlichtern vnd were Inen eingepunden worden, nichts dauon zusagen bis sie In die herberg kommen. Als sie nun zu schlüchtern gewest vnnd das mittag mal gessen, do hetten sie Im wirtshausz von der erganngen hanndlung vnd das man Inen drey gesellen gefanngen, gesagt; aber do het nyemandt kein mitleyden gehabt vnd allain gelacht. Vnd als sie am tisch gesessen, do were ein knecht In die herberg kommen, **Lanng Hanns** genannt, des **Mangolt von Eberstains** knecht, vnd sey der knecht, der zu Wertheym mit des **Marsilius (Voit)** pruder sey nyder gelegen vnd het Ine, sager, vnd sein gesellen gegrüszt, darauf Sy Ime gedanckt. Vnd als derselb knecht hinkommen, het er, sager, die wirtin gefragt, wer der knecht were. Die hett Im das angezaigt, das er **Mangolten von Eberstain** zustund, dann **Brandenstain** leg vff ein viertel meyl wegs von schlüchtern. Vnd wie man Im, sager, anzaigt, hab derselb Hanns Ine, sager, verraten vnd angeben; dann ee er, sager, vnd sein gesell geessen, were derselb Hanns eylennd vff das Schlos Prandenstain geritten. Also hett er, sager, vnnd sein gesell einen glaitsman von Schlüchtern aus genomen vnnd gen füll. Vnd als sie doselbsthin gen füll kommen, do weren sie zu nachts zu einem Edelman, den er sager nit gekennt, selb dritt vnd einem poten des hochmeisters aus Preuszen In die herberg kommen, vnd er sager vnd sein gesell zu morgens, dhweil man doselbst nit gewonlich glait zunemen pfleg, mit dem Edelman vnd hochmaisters poten von füll ansgeritten vff eyssennach zu. Vnd do sie vff anderhalb meyl kommen von füll ausz, do wern Inen vier Reuter In den Ruck nachgeritten, gerennt vnd sie angeschrien, alle gefanngen zusein. Also hett der Edeman sich genennt vnd für Ine, sager, globen wollen, er were sein knecht. Aber einer vnter den vier Reuttern hette gesagt zum Edelman, er Redet nit war vnd er wolt hinfüro nichts von Ime mer halten. Vnd wiewol der Edelman ein schlahennd püchsen gehabt vnd schiessen wollen, hette die doch nit wollen feuern. Also hetten sie den Edelman, seine knecht vnd hochmaisters poten reyten lassen vnd Ine, sager, vnd des Lanndschreibers sone mit Ine fürn wolt. Do het des Lanndschreibers Sun gesagt, wes sie In wolten zeyhen, Er were des Marggrafen von Baden pot vnd sie sähen die püchsen. Also hetten sie denselben auch Reyten lassen vnd Ine, sager (:der also von **Philipp Truchsesz** von Usleben [vgl. Nr. 17] und von **Marsilius Voit** [s. unten] bei **Tann** gefangen worden:) genomen vnd mit Inen gefürt vnd bis an die nacht gerytten In ein holtz vff ein viertel meyl wegs vom Prandenstain. Do hetten sie Im sager bey einem Rubenacker alle sein hab genomen: 16 fl an gold vnnd müntz, ein kronen, drey pater noster vff 12 fl. wert, 11 elln damaschkat vnd ein pferd vff 24 fl., vnd hetten von stundan die hab alle getailt in viertail vnd Im sein kappen am hals gezogen vnd geplennt, vff das pferd gepunden vnd gen **Prandenstain** gefürt.

Vnd als sie In gein Prandenstain pracht, hetten sie In In ein padstuben gefürt; dann sie hetten sunst kein lere gefenngknus gehabt, dann **Mathes Haller** were oben vnd weren die zwen **Hanns Richter** vnd **Hanns Schwenttendorffer** In einem stüblein gelegen, darein man Ine, sager, nachuolgend gelegt. In der bemelten padstuben hetten sie Ine vff 2 stund ligen lassen, darnach hetten sie den **Schwenttendorffer** geen lassen (:Dienstag den 25. Sept. Abends, s. oben Nr. 15:) vnd einen knecht mit Inen, Kilian genant, die schatzung zu Leiptzigk zuholen. Vnd were der **Lanng Hanns**, der zu Wertheym sey gefanngen gelegen (:ist dem Anschein nach der Knecht **Hans Schau**, der sich dem Grafen Georg von Wertheim nicht wieder gestellt, vgl. Nr. 17:), zu Ime sager kommen vnd er sager einen aid schwern müssen; nemlich man wolt In sager zu dem Richter legen, dem solt er weder sagen, deutten noch wincken, wie er gefanngen sey worden. Do were er den abent gelegen vnd zu morgens wern einer, der **Marsilius** (Voit) genannt, vnd noch ein Junger Edelman (:nach Nr. 17 **Philipp Truchsesz**:), hab ein kraus har vnd sey In yfflannd vor einem Jar gewesen, der mit dem pucher von Leiptzigk heraus gerytten, zu Ime kommen vnd Im anzaigt, Er wer Ir gefanngner vnd hette ein leger zu Nürmberg vnd darumb, dhweil er mit den von Nürmberg hanndlet, so must er sich schatzen. Vnd wiewol er sager vyl entschuldigung darthun vnd anzaigt hette, er wer ein **schweitzer** vnd mit Nürmberg nichtz verwanndt noch dann, so hetten sy Ine vmb 1500 fl. geschatzt, nachuolgend vff 1100 fl. kommen vnd nachuolgend so weit komen, das es vff 200 fl. kommen sey.

Als nun er sager gelegen von Dinstag vor Michaelis an bis vff Donerstag nach Martini (25. Sept. bis 15. Nov.:), hett mitler weyl In der gefenngknus nach wegen gedacht, wie er doch möcht erledigt werden. Vnd het mit ainem knecht, Kilian genannt, der bey dem von **Eberstain** gedient vnd von Ime In das Lanndt zu Hessen kommen, souil gehanndelt vnd Ime ye sein not geclagt, des Ime derselb zugesagt, dhweil er sehe, das er vmb vnschuld gefanngen lege vnd nit von Nürmberg were, so wolt er Im noch zaigen, wie er ledig wurd. Vnd hett Ine sager aus der gefenngknus gefürt vnd Im angezaigt, wie er solt auszkommen, vnd het Im angezaigt vnd vberantwort ein fischer sayl. Vnd were derselb knecht desselben abents von dem von Eberstain hingezogen vnd auszgedient gehabt. Vnd desselben abents, als die wechter vnd yederman hett geessen, hett er sager sich an dem sayl herab gelassen vnd dauon kommen. Vff anderhalb meyl von Prandenstain hetten sie Ine vmb das Schlos mit fackeln vnd liecht gesucht, vnd als sy In nit gefunden von stundan dieselben nacht 12 paurn Im dorff Melbing (Bellings?) aufgeboten vnd allwegen 4 an ein ort geschickt, vff Ine sager achtung haben lassen. Vnnd zu morgens wern er gegen tag vff dem feld zu einem feur ganngen vnd gemeint, es were ein hirt doselbst. Do wern der auszgeschickten paurn 4 do gewesen vnd Ine angenomen vnd wider gein Prandenstain gefürt. Do were Mangolt von Eberstain gleich auffgestannden gewesen vnnd geschrien, sie solten Im, den poszwicht, hinauf fürn, vnd Er, Mangolt von Eberstain, hab gelauffen vnter die thür vnd Ine wider die erde zewerfen (sic) vnd geschlagen In das angesicht vnd sunst vbel. Vnd hetten Ine sager In einen Rostal gefürt, vnd hetten 6 paurn einen grossen stock aufgehebt vnd Ine sager von stundan In die engsten locher mit hennden vnd füszen eingeschlossen. Do were er den ganntzen tag vngeessen gesessen vnd sie Ime stets gedroet, die hennd abzuhauen. Vnd zu abents do were der Marsilius kommen vnd zwen knecht, auch Mangolt von Eberstain vnd hetten das sayl, daran er sager sich hab gelassen, bracht vnd Ime sager also Im stock sitzenndt die hennd vff den Rucken punden vnd mit ainer layttern vorm stock gestannden vnd Ine auffgezogen vnd dannoch Im stock sitzen lassen. Vnd were Mangolt von Eberstain ye hinzu ganngen vnd einen zug an dem sayl vnd laittern thun, das Ime die achsel fornen am hertzen gestannden, vnd also genott, das er hett sagen müssen, wer Ime Rat vnd that darzu geben hette, das er auszgefallen were. Das hett er sagen müssen, nemlich das Ime Kilian het anweysen geben. Aber er sager hette dem Kylian ein klayd vnd 10 fl. verhaissen, er solt Im raten, wie er ledig wurd; Aber er hets Mangolten vom Eberstain nit sagen wellen. Sagt auch, wann die frauen Im Schlos nit erbeten, so hetten sie Ine mermals aufgezogen. Also sey er zwen tag vnd ein nacht also Im stock gesessen. Nachuolgennd durch bit der Odhamerin, irer tochter vnd ander Edeln frauen sey er widerumb In die ersten gefenngknus in das ober stüblein gefürt worden vnd Ine In ein eysen an den füssen gespannt, das er nit hab geen mügen. Vnd were einer, haisz Peter, sey ein kuntschaffter, hab ein gelbs kraus har vnd hab den Haller helffen verraten vnd Nyder werffen, zu Ime sager kommen vnd mit Ime gerett, Er sager solt seinem Junckherrn vnnderricht thun vnnd auffzaichnen, wie er zu einem Reichen kauffman mocht kommen, vnd solt Ime anzaigung thun, so wolt er In helffen furdern, das er dester gnediger ausgelassen vnd der herten gefenngknus geringert wurde. Vnd er sager het auch Mangolten von Eberstain müssen aufzaichen, wie die kauffleut hiessen vnd wann sie gein Leiptzigk Rytten. Das hette er sager thun, aber demselben alle mal vnkundig leut, die hie nit doheym vnd nyemanndt bekannt sein, angezaigt. Item der obgemelt Peter, so ein kuntschaffter sey, kome ye zu zeiten, wie er gehort, gein Franckfurt vnd andere ort vnd ende vnnd macht kuntschafft. Item als er sager das eysen bey acht tagen an den füssen gehabt, were Mangolt vom Eberstain daselbst an vnnser lieben frauen tag conceptionis (8. Dec.) kommen vnd Ime das eysen von den füssen thun vnnd an die hennd gelegt. Darnach het er dem Mangolten von Eberstain müssen kauffleut zaichen machen vnd auffzaichnen. Dieselbigen het er sager alle einer solchen maynung aufgezaichennt, das die nyemanndt kundig. Damit hett er sager verursacht, das Ine Mangolt von Eberstain die eysen an den hennden vnd füssen het abthun. Mittler zeit het er sager hin vnd wider geschriben auf des von Eberstain angeben. Vnd Im ende het er sager an Hanns Heussen (vgl. Nr. 17) geschriben, der hette Ime sager bey einem pallnpinter, Jacob genannt, vnd Jorg, Heussen knecht einer, 200 fl. zugeschickt. Vnd als die zwen geschickten das gelt bracht, do het Mangolt von Eberstain Ine sager mit zweyen knechten, nemlich Peter, dem kuntschaffter, vnd Clausen geschickt uff schliechtern zu; vnd nahend dabey vff einem perglein hetten die zwen Ime das gelt pracht, das er angenomen vnd widerumb gein Brandenstain ganngen vnd Mangolten von Eberstain das gelt geben vnd damit erledigt worden. Derselb Mangolt von Eberstain het Ime der frauen zeltner gelyhen vnd vff dritthalb meyl wegs lassen Reyten. Nachuolgennd wer er noch zwo meyl wegs ganngen bis gein Gmund, do hett er seine gesellen, die er doselbsthin hette beschieden, gefunden. Die geschickten zwen haben auch Prandenstain gesehen vnd gantz nahennd dabey gewest.

Item die Odhamerin vnd Ir tochter sitzen Im Schlos vnd haben zu offtmaln mit Ime geessen, Im auch Ir gerechtigkait anzaigt vnd ein brief an einen grafen Im Schwitzerlannd geben, dabey sie sich beclagt. Item In der gefenngknus hab er sager einen brief gefunden, von einem Hanns knopff genannt ausgangnen, der hab an Mangolten von Eberstain geschriben von wegen 20 fl. lidlons. Er sager hab aber denselben brief zerrissen. Item Mangolt von Eberstain hab alle mal neben der Odhamerin anzaigt, mit den Schweitzern nichts zuthun zuhaben, sonnder sie wolten Ine sager darumb schatzen vnd gefenngklich halten, das er mit den von Nürmberg hanntiret vnd hanndlet.

Sagt, die Odhamerin hab Ime sager gesagt, es het Ir ein reicher ein Rays gedient vnd were mit namen Cuntz von Rosenburg (:der sich übrigens für Mangold von Eberstein ausgab, vgl. Nr. 21 u. 22:) vnd hab nyder geworffen Caspar von München, einen Soldner (:30. Nov. 1520 bei Berching, vgl. Nr. 20:), vnd einen schreiber (:Johann Graf 8. Dec. 1520 bei Roth, vgl. Nr. 21 u. 22:), die solten sich gein Brandenstain stellen.

Item die vrsach seins wissens, das er vff Brandenstain sey gefanngen gelegen, sey die, das er aus dem Schlos gesehen, do lig ain Schlos dobey, sey eins von Hutten, vff ein viertel meyl dauon. Item Im hab auch Kilian, der knecht, solchs angezaigt. So hab er desz in dem Brief, den er In der gefenngknus gefunden, anzaige. Item Im hab auch der von Eberstain angezaigt vnd gesagt, Er haisz Mangolt von Eberstain. So geb Im das die Vermutung, do er die schatzung geholt, do hab Im der Mangolt von Eberstain zwen knecht zugeben, mit Ime von Brandenstain vff schlüchtern zu geen, das gelt zu empfahen.

Item er sagt auch, das Ime Claus, ein Junger knecht, so bey dem von Eberstain dient vnd hab kaum ein Jar harnisch geführt, gesagt, Mangolt von Eberstein muge vmb sich bis In 30 pferd In der nehet auffbringen.

Testes: Johann Kirchamer, Jorg Herl. Actum vt supra In der kriegstuben.

XX.

Kaspar Kettels von München genannt gefenngknus vnd Niderlag, bey Perching durch zwen Reuter (:darunter Kunz v. Rosenberg [der Reiter mit dem Kolben], s. Nr. 19:) an Ime geübt, vnd desselben ansag hernachuermelts lauts.

Caspar Kettel von München genannt hat am Freitag nach Nicolaj den sibennden decembris Anno 1520 bey seinen pflichten, damit er einem Erbarn Rat verwannt, angesagt, als er sager am Freitag Sannd Andres tag (30. Nov.) nachstuerganngen on harnisch mit Jacob Welsers hausfrauen vnd fünff kinden, die gen Perching haben farn wollen, ausgeritten, vnnd als er sager desselben freitags vmb zwu stund nach mittags gegen Perching warts mit dem wagen zu dem thiettenacker kommen vnd vor dem wagen vor her zogen, weren Ir zwen zu Ros aus dem halt gewischt, der einer ein Armbrust vnd der ander einen kolben an dem Sattelpogen gefürt vnd von stundan Inen sager vmb gefenngknus angeschrien, die er Inen het geloben müssen, Sey (sic) auch gebeten, schon zufarn, es were nyemanndt do, denn sy suchen mochten, allain ein frau mit Iren kinden, die gen Perching farn wolten, so wer er ein armer gesell. Vnnd vber den beschaid alspald zu dem wagen zugeeylt, denselben anzugreiffen, vnd mit den henden in den wagen gefallen, villeucht zusuchen, was darjnnen were. Als er sager solchs ersehen, hett er dem wagen wider zugeeylt, den furman vnd welsers knecht angeschriren, Ime zuhelffen; aber Ir kainer het sich geregt oder zu der were gestelt. Also hett der ein Reuter die welserin gefragt, wann sy were vnd wo sy hin wolt vnd von wann sy fur, dem sy geantwort, Sy wer von Saltzburg vnd fur mit Iren kinden von einem Schloslein vnd wolt gen Perching farn. Hette derselbig Reuter gesagt: „Du leugst, dein pund ist Nürmbergisch vnd ich bin der von Nürmberg abgesagter veind", des die frau vernaint. In solchen worten hab er sager sein schwert gewonnen vnd damit zwischen den wagen vnd Reutter gesprengt, damit er sy von dem wagen bringen mocht. Do weren Inen alspald drey furmenner enttgegen gezogen, die er sager angeschrien, dem wagen zu hilff zukommen; da gegen die Reuter geschrien, wo sich der furmenner einer Reget, wolten sy In erwürgen, also das die furleut, auch der frawen furman, vnd welsers knecht gar nichts darzu gethan. Als er sager solchs ersehen, hab er sich gewennt, zuuersuchen als er vermaint den Reuttern mit gewalt zu enttreyten vnd ein geschray zumachen. Vnnd vor den dreyen wagen, so Im enttgegen gefarn, aus dem weg setzen müssen, derhalben er sich verhindert vnd nit eylennds Rennen mogen. Do solchs die zwen Reutter ersehen, hetten sy Im sager widerumb nachgetracht vnd villeucht gemeint, er were der Recht vnd hette gelt bey Im. In solchen hette In der ein Reuter mit dem armprust erritten, den protspisz gewonnen vnnd Im sager den an die prust gesetzt Im willen, Inen zuerstechen. Hette er sager sich mit seinem gaul von Im gewennt vnd nach Im gehauen In maynung, sich von Im zu Reissen. In solchem were der ander Reuter, nach dem vnd sy bede von dem wagen gelassen, auch hinderwertz kommen, Inen sager mit dem kolben hintten In den Ruckhen geschlagen, das er schier von dem gaul gefallen, vnd gesagt: „wie! du poszwicht! woltestu vnns enttreyten? die frau hat ein schone gerade tochter bey Ir, du bist gefangen, darumb Reyt forderlich mit vnns!" Das er also thun müssen. Also weren die zwen Reutter mit Im sager gein holtz zugeritten vnd den wagen verlassen. Vnnd als er sager fornen In den halt vnd holtz kommen, hab er dannoch vermaint, dauon zukomen, vnd frey von seinem pferd gefallen Im willen, Inen In dem holtz zuentlauffen. Aber der Reutter, so den kolben gfürt, Ime Im holtz nachkommen vnd übereylt vnd mit dem kolben sere vnd hart vber den kopf vnnd leyb geschlagen, als das sein peckelhauben noch anzaigt, vnnd der ander Reuter sein, sagers, gaul die weyl wider gefanngen. Vnd als die zwen Reuter In sager widerumb erobert, hetten sy Im sein taschen genommen vnd der ein Reuter gesagt: „Wir kennen dich wol vnd du pist ein knecht von Nürmberg vnd pist vor auch ein mal Im sack bey Erlanng geschossen worden vnd darumb mustu mit vnns Reiten". Den er geantwort: „Ja", er were aber ain armer knecht, het 6 klaine kind, vermocht nichts zugeben mit bit, wes sy Inen zeyhen wolten, sunder solten In Reyten lassen. Darzu der Reuter gesagt; „ich kenn dich wol, du hast ein zimliche Narung, da mustu dich schatzen". Darfür er sy gebeten. Also were der ein Reuter mit dem armprust eylents voran gezogen vnd der mit dem kolben mit Im sager hintten nach gerytten. Der hab zu Im sager gesagt, den er stets gebeten, Ine als einen armen knecht reiten zulassen: „Was soll ich dich Reuten lassen vnd tegen, du wurdest doch nit halten; wenn ich dich schon teg, so weren dich alsdann deine herrn von stundan widerumb abfahen". Dem er geantwort, er wolt halten als ein frommer gesell. Darauf der Reutter gesagt: „so Reyt, desterpas wyll ich mit meinen gesellen dafornen auch reden vnd mit Ime Rettig werden, was wir thun wollen", vnd damit den fordern eritten. Hette der Reutter mit dem kolben gesagt: „Hora! es ist ein Sollner von Nürmberg da, was wollen wir mit Im anfahen? Sagt der forder Reuttter, der dann stets In der eyl vnd flucht was: „wie soll wir Im thun! gib Im teg vnd teg In vnd knüpf Im die pflicht wol ein". Also hab der Reuter mit dem kolben gesagt, er wolt In tegen vnd Im ein brief geben, sich in die puch auf ein schlos gein Prandenstain zustellen, vnnd ob er sager icht ein frauen kennet, die ein schone tochter hett. Dieselbig hett ein guten Redlichen zuspruch zu den von Nürmberg. Zu derselben must er sich in acht tagen gein Branndenstain stellen. Dem er geantwort, er weste von keiner frawen, die mit seinen herrn zuthun hette, es were dann die Odhamerin, versehe er sich, sy were mit einem Erbarn Rate, seinen herrn, gericht vnd hette nichts in vnguten mit In zuthun, zusambt dem, das Im sager nit wol möglich, nachdem er so hart wundt were, also in kurtz zustellen. Darauf Im der Reuter 14 tag eingepunden, sich gen dem Branndenstain zustellen. Het er sager aber mals gesagt: „wer wirt mich doselbst annemen? Ir habt doch gesagt, Ir wolt mir ein brief geben, damit ich angenomen werde". Het der Reuter gesagt: „Ja, ich wyll dir also Im veld nyder sitzen vnnd ein brief geben? es ist meins fugs nit! Dann er gleich wol auch der nacheyl besorgt, thu als ich dich haysz, stell dich in 14 tagen gen dem Prandenstain, doselbst wirdestu ein Edelman finden, dem zaig an, wie du gefanngen vnd wir dich doselbst hin vertegt haben, so wird er dich annemen vnd behalten bis wir hinach kommen. Darumb wyll ich keinen aid von dir nemen, allain mustu mir des mit handgebenden treuen an aids stat dich dermassen zustellen geloben", vnd dabey eingepunden, das er gein Nürmberg In die Stat on glait nit Reiten noch kommen woll, sunst mog er Reiten wohin er woll, vnd sich pinden lassen. Vnd also In sager Reyten lassen, damit er vmb vier or nach mittag gein Perching komen vnd sich doselbst pinden lassen. Vnd als er sager von den zwayen Reutern gerytten vnnd kommen, hab er gesehen, das Ir noch drey Reuter auf der hoch an den pergen gerytten vnd gehalten, die die zwen thetter In achtung gehabt, ob sy geeylt wern worden. Vnd im abschaiden hette der ein Reutter mit dem kolben gesagt: „das dich gots marter schent! du bist nit der Recht, darauf wir gehalten. Es ist vnns ein ander von Nürmberg aus verkuntschafft worden, der solt kommen sein, so hat dich der teufel daher gefürt!"

Er sager hab der zweyr Reuter keinen kennt, dann sy sich zu fast vnter den augen verkapt. Der ein Reuter mit dem Armbrust hab angehabt ein groen lanngen Rockh, ein gantz Rote kappen mit zetlein on farb, die 14 Nothelffer vergult an der kappen, ein vergulte Sand Jacobs muschel neben den 14 Nothelffern, ein groen hut mit einer dreten schnur vmbwickelt, ein schwartze Jacob muschel, ... dem lincken erbel ein pratspis mit silber beschlagen, Ein hessen an der seytten, das alles Neu gewest, ein apfel graben schimel gemutzt geritten. Der ander Reutter mit dem kolben (:Kunz v. Rosenberg:) die klaydung Rock, kappen vnd hut gleich wie der ander von farben, ausserhalb der 14 Nothelffer vnd Jacobs muschel, angehabt, vnnd Ir bede klaider vnnd Rüstung sey alles Neu gewest, vnd ein gemutzt flüchslein geritten. Der auf dem schimel sey ain lannger, dürrer prauner gesell bey 24 oder 26 Jarn alt; vnd der auf dem fuchsen, auch ein Junger, dicker, weisz plaicher gesell, hab vnderhalb des mauls ein kurtzen praunen part gehabt vnd darjnnen ein guldens Ringlein hanngen, sey auch bey 24 oder 25 Jarn alt.

Item als er sager gein perching kommen vnd zum kelner doselbst zu herberg gelegen, sey der Brobst von perchin zu Im sager am andern tag komen vnd Inen gefragt, wie es Im erganngen. Des er Im angezaigt mit sambt den personen, pferd vnnd klaidern, als yetz hieuor gemelt ist. Hab der Brobst gesagt, es ist eben der Recht, aber nyemanndt genannt. Dabey sey gestannden sein wirt, der kelner vnnd Hanns Pfann, der Welser diener. Item so hab der Pfann mit sein, sagers, wirt des nachts souil von der sachen gerett, das der kellner zum Pfannen gesagt: „Lieber! vnter den fünff Reuttern sein zwen, die mein weyb, als sie ein praut gewest, gen kirchen gefürt." Darauf hab Pfann des kelners weyb gefragt, wer sy zu kirchen gefürt, da sy ein praut gewest. Das hab sy Im, dem Pfannen, gesagt vnd benennt, aber er sager wisz Ir nit zunennen. Darauf hab Pfann ein paurn gein Vttenhofen, so **Cuntz von Rosenbergs** ist, geschickt, zuerfarn, ob icht Reuter doselbst einkommen. Hab derselbig paur einen puben doselbst gefragt, der hab Im gesagt: „Ja, nechten, als man hat die liecht wollen auffzünden, Ist meins Junckhern knecht, so mit Im zu Sanndt Jacob gewest, komen vnd Reuter mit Inen, den hol vnd trag ich yetzo wein zu". Solchs hab Im sager der Pfann gesagt; Aber er wisse Ir kainen zunennen, bey dem Pfannen werde man alle sachen erfarn.

XXI.

Volgt nun hernach die Niderlag vnd gefengknus, an Johann Grafen, gerichtschreiber, vnnd seinem substituten bey Rot durch zwen Reutter (:die selben, welche 8 Tage vorher den Kaspar Kettel von München gefangen nahmen. Der eine Reiter war Kunz von Rosenberg [vgl. Nr. 19], der sich aber für Mangold von Eberstein ausgab:) bescheen, vnd Ir beder ansag, was mit Innen gehanndelt.

Auf Montag Nach vnnser lieben frauen tag Conceptionis genannt Im xxten Jare hat Johann graf, gerichtschreiber, der gefenngknus halben, an Im bescheen, vor Herrn Andresen tucher angesagt, wie er auf erlaubnus eins Erbarn Burgermaisters am Sambstag vnnser lieben Frawen tag Conceptionis (8. Dec.) mit Johann thurnmeyer, seinem diener, von diser Stat geritten in maynung gein Wemding vff ein tag, der In vff montag nach Conceptionis vorgemelt seines Schwehers seligen verlassner hab vnd gliter halben doselbst vor Gericht zuerscheinen angesatzt gewesen. Als sie bey Rot neben der Stat hingeriten nit ferr dauon hetten sich zwen Reutend stümpff Im Ruckh angesprenngt vnd geschriern, wer Sy wern. Sie gesagt: „Nürmbergisch!" Die Reuter dawider: „sein die Rechten!" vnd sie mit eim gespannten Armbrust vnd fürgeschlagem pfeyl, so der ein gefürt, der ander mit cinem furhamer, zuschlahen vnd zuschiessen, so grausamlich benotiget vnd mit schlegen darzu pracht, das sie mit In In das holtz haben Reiten müssen, vnd pald styll gehalten. Het der, so den kolben fürte (:war Kunz v. Rosenberg:), wider sie geredt: „Darumb, das Ir Nürmbergisch seyt, So wyll ich euch yetzo gefenngklich annemen vnd wyll euch sagen, wer ich bin, vnd haisz Mangolt von Eberstain, bin der von Nürmberg abgesagter veind von wegen einer frawen, haist Agatha, die ich enthalt zum Brandenstain. Darumb müst Ir mein gefangen sein vnd mit treuen an aids stat geloben, mit mir zu Reytten, von mir nit zutrachten durch flucht, geschray, wincken oder teutten oder wie sich das machen mocht, so leut vff vnns stiessen", mit mer Reutterischen worten, der er aller nit aigentlich gemerckt hab. Als sie die glübd von In genomen, wern sie darnach In ein dick holtz gerytten, In Ir taschen vnd wetschkolein, Im, grafen, ein teschlein vnd darjnn drey guldin vnd zwey pfundt, ein tegen mit silber beschlagen bei xxij lb. wert, dem Joannes ein wetschka vnd darjnnen 15 groschlein genomen vnd gesagt: „ob Ir von vnns gedrungen wirt, wollen wir das zu pfanndt haben", vnd damit furderlich von dann vber zwerch velder, holtzer vnd hohe perg, vngepaute, Rauhe wege gerytten, das sie mit der nacht neben Hailsprun, dem Closter, kommen wern. Aber dauor, wann sy an ein ebne kommen, hett mangolt allerlay seines, grafen, wesens vnd vermögens ... gethan, dem er geantwort, wie Er eins Erbarn Rats der Stat Nürmberg diener vnd ein schreiber were. Dem wolt er nit glauben geben vnd weiter gefragt, ob es noch zu Nürmberg sturb, ob auch vyl burger geflohen vnnd ob Starck, Tetzel vnd, als graf achte, er hab Hirsvogel auch benennt, noch zw Weyssennburg, vnnd wer die zu Wertheym vnd Rotenburg wern, was sie thetten, ob sie schier heym ziehen wurden, Item wieuil der von Nürnberg Soldner Im pund hetten vnd wo dieselben knecht yetzo wern. Darzu graf gesagt, er wüste grüntlichs nicht douon zusagen, dagegen Mangolt sagte, dhweil er mich erobert hette, wolt er mich anders lernen, so er mich gen Brandenstain precht, er wolt mich behalten, dann die grossen federhannsen die In den Steten wern lüstig vnd Im zu geschickt. Wann sie vber lannd zugen, nemen sie zehen oder 12 pferd mit In, sie zubeleytten, damit wern' sy Im zu starck, konnte nichtzit mit In schaffen, wolte aber glücks warten, damit sein vyl Reyten vnd halten nit vergebens were. Het auch grafen gefragt, wofür er In hielt. Sagt graf: „für ein Edelman". Dawider Mangolt: „du mainst, darumb ich Im angesicht glat, sey ich ein Edelman? Nein ich bin keiner", der sich dauor Mangolt von Eberstain genant vnd In In des namen gefanngen het. Mit denen vnd vyl andern worten wern sie einen kleinen weg für Hailsprun auf dem weg gen Onolztbach hin kommen, het Mangolt gesagt: „Ey! der teuffel hat mich mit schreibern betrogen vnd mich an eim pessern gejrrt. Nun, so du dich so arm machst, so wyll ich dich auf ain aid, den du schwern must, dich zugestellen, Reyten lassen. Aber du wirdest nit halten, gleich als er achtet Caspar von München, den er vor kurtzen tagen bey Perching gefanngen (s. Nr. 20) vnd mit seim hamer In Rucken so tief, als der hamer von der spitz bisz an styl lanng were geschlagen, In auch durch sein hirnheublein geschlagen, das ers wol empfunden hette, dann er het sich von Im zuthun zu Rosz vnd fusz vnderstannden. So het sich des Welsers frau Im wagen von Im gelogen vnd gesagt, Sy wer von Saltzburg. Wo er anders gewust, das er seyt her erfarn, er wolt Im die sach nutz gemacht haben. Zu letze vmb zwo hore In die nacht hetten die zwen Reuter nach langem gesprech zu Inen, den gefangen, gesagt, alda müsten Sy zu got vnd den heiligen schwern, als Ir gefanngen auf obersten schirst (6. Januar 1521) gen Brandenstain zu kommen vnd zustellen, auch In dreyen tagen nyemanndt zusagen, was Inen durch Sie begegent were, Vnd wo sie dauon waigern, so wolten Sy vnns erstechen. Dann der Frauen Agatha wolten die von Nürmberg vmb Iren guten Spruch nichzit geben vnd verachteten die Edelleut, hetten yetzo der Frauen Agatha Odhamerin zu schmach den Edelleuten, die Ir helffer wern, durch ain alte hurnwirtin absagen lassen, vnd damit zum grafen gerett: „Du hast mich gefragt, wer Ich sey, Sag Ich, Ich bin der Edelman, der die Agatha enthelt, wyll Ir auch wider die von Nürmberg helffen, vnd wo mein hausfrau sturb, wolt ich Ir tochter zu der Ee nemen vnd die sachen zu hertzen nemen, die Nürmberger, wo ich die ankommen mag, alle erstechen vnd erwürgen, damit sie sehe, das mir die sachen anligen were", vnnd vnns bede gefanngen mit den aiden beladen, die wir geschworn haben, vnd den grafen vermöcht mit grausamen fluchen vnd droen, In zuerstechen, das er von seim Rosz gesessen, das sy mit In weg gefürt, Sie, die gefanngen, von In geen vnd Reyten lassen.

Vnd seyen also gein Haylsprun In das Wirtshausz kommen, darjnnen doctor pusch gewesen were. Derselb doctor habe morgens bey dem Abbt den grafen angezaigt, das Im der Abbt des Suntags zu nacht zu tisch geladen, Im guten willen erzaigt vnd die nacht bey Im behalten mit erpietung, ob er gelts, pferd oder anders bedorffte, wolt er Im leyhen vnd thun, das Im lieb were. Frii sey graf vom Abbt mit danksagung guter herberg vnd fruntlichs erbietens, Sich des bey seinen herrn zuberümen, abgeschieden.

Item der Reuter, so sich Mangolt genennt, hat Ein gemutzten starcken henngst gerytten fuchsfarb, der hat auf den fordern Rechten fusz auf dem saum ein weys pletzlein gehabt. Er hat ein groen Rockh ockalj farb, grün zerschnitten hosen, ein schwartzen hut und Ein federlein vnd ein gantz Rote kappen mit gelben zotlein vnd daran vier silberne vergulte pilder gefürt vnd kein harnisch anders dann pantzer vnd koller angehabt. Ist ein pauchets mendlein, schön vnd glat von angesicht, falbe wimpre vnd gro augen habende. Der ander Reutter hett sich hart verkappt, das ich In am angesicht nit gesehen hab, dann er mit seim knecht Johannsen den tag vorhin weit gerytten seyen, was er mit demselben, seinem diener, geret hab, weis er nit. Vnnd derselb Reuter hat ain apffel groen schimel gemutzt geriten, ein Rock wie Mangolt vnd ein Rote kapp mit gelben zetlein vnd daran bey xiiij vergulte pildlein gefürt, ein groen hut mit Reutters federn vnd ein Armprust In einer hulfftern gefürt. Er achtet denselben bei 30 Jarn vnd den Mangolt bey 40 Jarn, als Im Mangolt selbs gesagt, er were nit vyl vber 40 Jare.

XXII.

Johan grafen Substituten ansage.

Johann Durnmeyr hat bey der pflicht vnd glübd, die er dem Erbarn herrn Andresen Tucher gethan vff pfintztag Sannd Otilien tag den 13 tag des monats ... Im 20 Jare gesagt, Als er am Sambstag vnnser lieben frauen tag Conceptionis genannt (8. Dec.) des 20 Jars mit Johann grafen gerichtschreiber zu Nürnberg seinem herrn vff ein angesatzten rechtag gen Wembding reyten wollen, wie sie dann gethan, vnd als sie bey dem gericht heraus vor gerytten, hett der Durnmeyer zwen Reuter heraus von Rot auf die strasz gegen schwanbach zu Reytten sehen, die er seinem herrn angezaigt, also das er dieselben auch gesehen. Die weren vngeuarlich bey einem Armprost schuss von Rot In ein gründlein vff das wyszmat gefallen, doselbst sie die zwen Reuter verloren. Also wern sie darnach neben Rot vber die pruckh hin geritten, vff dem weg neben dem pach hingezogen bis vff einen püchsenschus von Rot zu eim gründlein, do yetzo ein grosser kolhauffen stunde. Weren eylends hernach gerannd zwen Reuter, einer mit eim gespanten Armprust vnd fürgeschlagem pfeyl, der ander mit ainem Reuthamer vnd sunst nichtzit zuschiessen gehabt. Derjhenig mit dem Armprust sey ein Junge, gerade person, ein gemutzten schimel vmb den kopff mit weyssen flecken oder plassen, vnd hetten bede Reuter grab lanng kemlein Rockh, vff dem lincken ermel knopfflein, welcher masz hab er grüntlich nit sehen konnen, bede gantz Rot kappen mit gelben zetlein gemengt, grö hüte vnd schnür kuntterfein darumb gezogen vnd gro federlein vff der Rechten seytten darauf. Der Reuter mit dem Armprust het ein stern eins sechs vnd dreyssgers gros vergult darjnn ein Jacobs muscheln versetzt, darnach der Ritter Sannd Jorg vnd darnach die 14 nothelffer vnter dem hals. Der Reuter mit dem kolben hett ein gemutzt füchslein, seer pald lauffend, vnd geklaidt wie der ander, dann allain, das er nit souil pild an der kappen hett, als der mit dem schimel. Als sie In, den diener, vnd seinen herrn angerennt, hat Im der Reuter den pfeyl fürgehalten vnd gesagt, er solt styll halten oder er wolt den pfeyl In In schiessen. So wer der mit dem Reuthamer zu dem gerichtschreiber komen, In geschlagen styll zuhalten; deszgleichen zu Im, Durnmeyr, gesagt, styll zuhalten, vnd In drey mal vber dj achsel vnd vff den Rechten arm hertigklich geschlagen, entlich zu Inen gesagt, mit Inen zu Reiten oder sie wolten die pfeyl In vnns schiessen vnd erstechen. Also hetten sy die Reuter vom weg hinauf In ein dick streuslein gefürt, aldo styll gehalten vnd der Reuter mit dem kolben gesagt: „Nachdem Ir Nürmbergisch seyt, so müst Ir gefanngen sein vnd mit mir Reyten, dann Ich bin der von Nürmberg veind, vnd mir globen vnd schwern, das Ir euch nit wollet eussern, vnd ob leut vff vnns stiessen oder durch dorffer zugen, das Ir nit dauon wollet trachten, weder denselben wincken, deutten", mit vyl Reutterrischen worten. Also hetten sie Inen geloben müssen vnd der Reuter mit dem kolben angefanngen zu seinem gesellen: „Nun ziecht hin vber die Aurach zunachst vff poxperg zu!" Also weren sie miteinander zogen; hett er, der diener, mit dem Jungen Reuter, der das arprust gefürt, fornen anhin Reyten müssen vnd der ander mit dem kolben mit seinem herrn gerytten. Als sie vngeuarlich vff ein meyl wegs also gerytten, hetten die Reuter sie In ein holtz gefürt vnd der mit dem Armprust Im, dem diener, ein klein Reutwetscharlein genomen, darjnn 15 groschlein gelegen, vnd zwey schlüsselein vnd ein seydiner port bey zweyen elln. Hett er In vmb dj schlüssel zunemen gebeten, der Ine die nemen het lassen. So het der Reuter mit dem kolben dem grafen ein taschen vnd ein tegen mit silber beschlagen genomen, was das werd vnd wieuil darjnn gewest, wisz er nit, dann das er den tegen In den Rechten stifel gestossen vnnd also abermals mit In den gantzen tag Reytten müssen perg vnd tal vnd sonderlich zu nachst hintter dem Camerstain vber dj strasz vff Spalt zu hingezogen. Vnd dhweil er, Durnmeir, neben dem Reutter mit der Jacobs muschel geritten, als er dann thun het müssen, het In derselb gefragt, ob er In kennte. Der Im geantwort: „Nein". Der Im wider gesagt: „Ich bin ein weyl gut Nürmbergisch gewest, yetzo bin ich wider sie, Ich mein, du seyst nit lanng do gewest". Dem Ich geantwort: „Ja". Der wider gesagt: „ich hab dich ye nit gesehen", vnd wider nach einer kleinen zeit angefanngen; „hastu vnns nit gesehen bey Rot heraus ziehen?" Dem Ich geantwort: „Ich hab mich als ein armer gesell von dem Ir wenig haben wert vnd villeucht für den Ir mich ansehet nit bin, nichzit besorgt vnd fürcht mich noch nit". Het der Reutter gesagt: „Du sichst dich nit vmb, wieuil sind Reuter zu Nürmberg?" Dem ich geantwort: „Ich hab nit achtung vff sie, die Reutter, Ich ward meines dinsts, Ich bin ein diener des herrn, schreib was er mir fürlegt". Also hab er nichtz sunderlichs mit Im geret, wisz auch nit, was der ander Reuter mit dem Reytkolben zu seinem herrn gesagt, dann allain, das er gehort, er het brief Im pusen von einer, die Agatha hiesz, die fordrung zu den von Nürmberg hette. Vnd als sein herr gefragt, wer sie wern vnd vff dj Odhamerin geratten, der Im geanntwort: Ja die wers, Er hiesz Mangolt vom Eberstain. Vnd als die nacht herzu gienng, fürten sie vnns zu nachst hinter Halsprun vber ein weyertham an einem hohen holtz hin vmb vff ein weg meins achtens gegen Onspach warts. Allda vnderretten sie sich miteinander. Im ende fragte der Reuter, der sich Mangolt von Eberstain nennt, seinen herrn, den grafen, vnd der ander mit dem armprust vnd der Jacob muschel Ine, den Durnmeir, vnd sagt: „Do must vnd wirstu mir anrürn vnd swern ain aid, das du mir wolst sagen, wes ich dich fragen werd, vnd wirstu das nit thun vnd ich anders erfarn, wyll ich dich martern, das du dein leben lanng ein arm mensch sein must". Also nam er mich In dj glüb vnd gab mir den aid vnd fragt mich, wer mein herr wer, was sein stannd vnd wesen, ob er Reich oder arm vnd ob er kinder hett vnd was er mir zu lon gebe vnd ob wir mit gelt gen Weissenburg fürten, wer do lege. Dem ich geantwort, Er hett ein dinst von herrn zu Nürmberg; weret derselb lanng, so het er ein auszkommen, wieuil er Jerlich hette, west ich nicht, wer ein gerichtschreiber, het kein kind, aber seiner frauen schwester kinder het er bey Im, die erzug er, wern ettlich zu Weyssenburg, aber bey got wir hetten kein gelt In zustenndig. Fraget er weiter, ob er von Nürmberg pürtig were, sagt ich: „Nein! ist aus dem Franckenlannd, welcher ende waisz ich nit". Fragt er wider, wann Ich were vnd was er mir gebe, sagt ich: „ich bin von Amberg, erschreib ich vyl zu trinckgelt, so hab ich vyl, das wenig ist, vnd erst fordern tags lecht fünff gröslein erschriben, die habt Ir mir yetzo genomen". Bat In also, mir ein zerung zugeben, der wolt das nit thun. Also Ruckten bede Reuter zusam vngeuarlich zwo stund In dj nacht vff eim acker. Hub der Reuter mit dem armprust an vngeuarlich sagt: „das sie die von Nürmberg, gotz marter schennt sie! meinen, wollen yederman das Ir vorhalten vnd wollen sy mit der frauen vmb Iren gerechten spruch nit vertragen, vnd wann mir mein weyb sturb, wolt ich die ain tochter nemen, wolt mir die von Nürmberg wol gerecht machen, vnnd wann Ich ainen erwünschte, der mir nichtzit zugeben hette, wolt Ich das schwert durch In stossen". Vnnd mich vnd mein herrn abermals In dj glübd genommen vnd vnns den aid geben vnd gefanngen genomen, In dreyen tagen nichtz dauon zusingen, zudeutten, zuwincken vnd kein zaichen zugeben, das solchs mocht von vnns gemerckt werden, vnd darzu vns gein Pranndenstain vff den Obersten (6. Januar 1521) stellen. Als wir dann solchs haben schwern müssen, vnd darnach meinem herrn das pferd genomen, damit hinwegk gerytten. Sey wir In das Closter gein Halsprun kommen, vbernacht do plyben, hab Ich dannocht darnach den Recht tag ersucht, Ist mein herr hieher kommen. Aber zu Rot seyen wir aigentlich am Freitag vor vnser frauen tag (7. Dec.) gelegen; dann als sy vnns anrennten, waren die pferd nit ferr ganngen. Darzu was der ein Reuter ein menlein gleich wie Martin gluck, dann allain sterckers leybs, weys angesicht, bey 8 oder 39 Jarn alt. So ist der ander vngeuarlich bey 28 Jarn alt, dünns leybs vnd het ein franckisch gezung. Vnnd so pald sie vnns Im holtz gefanngen namen, thet er das armbrust von stundan In dj hulffter, Ritten on sorg vmb dj Merckischen flecken. Das ist erganngen als vyl ich gemerckt hab bey der pflicht, die Ich gethan, vnd meinen herrn verwanndt bin.

XXIII.

Volgt hernach, welcher massen Johann graf, gerichtschreiber, durch Agatha Odhamerin vnd Helena Ir tochter, sich zum Brandenstain zustellen, gemant worden, durch Steffan Seusinger, so zum Brandenstain gefanngen gelegen, dem grafen zupracht vnd geantwort am Pfintztag nach Sebastiani den 24 Jenner Anno 1521.

Johann grafen, gerichtschreybers, manung.

Hanns grafe, gerichtschreiber zu Nürmberg! was massen Ir durch mein helffer vnd helffers helffer zu hafft vnd fanngknus komen, darauf Ir mit hantgebenden treuen an eins Rechten aids stat gelobt vnd geschworn, vff der heiliger dreyer konig tag nachst verganngen (6. Januar) sonnder alle verhinderung gein Brandenstain zustellen, des ich mich ewrn pflichten nach zuthun versehen euch als ein Biderman gehalten Ewer gethane pflicht, glübd vnd eyd In vergessen gestellt: Wie dem mane ich euch mit disem brief Ewer pflicht, glübd vnd eyde euch nochmals angesicht dits briefs alher gein Brandenstain zustellen, Ewer pflicht, glübd vnd Eyde zuhalten vnnd gnugthun, wann wie es nit beschicht, gebt Ir mir vrsach, von euch zuschreiben vnd zusagen, das Ir mir erlos, treulos vnd maynaidig worden. Auch wo mir got das glück gebe yemandts mere erobert, dem wurde kein glübde, sonnder an Irem leyb gestrafft, darzu Ir mich verursacht. Geben vnter meinem Innsigel freytag nach Anthonj (18. Jannar) Anno xxj. *Agatha Odhamerin* vnd *Helena* Ir tochter.

In der gleichen form hat die Odhamerin Caspar Kettel von München genannt auch geschriben vnd gemanndt, welche manung Steffan Seusinger Casparn vberantworten wollen, aber Caspar hat der nit annemen wollen. Vnnd als Seufryd Coler nach gemeltem Steffan Seusinger dem Jüngern geschickt, sein sag wollen auffzaichen, ist er von stundan wider zu dem thor aus gezogen, derhalben sein sag nit hat mogen beschriben werden.

XXIV.

Volgt nun hernach ein brief Steffan Sewsingers des Jüngern, eines burgers Sun hie, In der froschaw, auch Steffan Seusinger genannt, so zum Brandenstain In Mangolt von Eberstains vnd der Odhamerin hanndt gefanngen gelegen, doselbst vmb 70 fl. geschatzt, derhalben an seinen vatter geschriben.

Mein ganntz willigen vnd vnderthanigen dinst vnd kintliche treu zuuoran, mein hertz lieber vater vnd auch liebe muter, wenn es euch beyden vnd all mein geschwistergeiten wol gienng, das hort ich alzeit gern von euch allen sagen. O mein hertzlieber vater, ich lasz dich wissen vnd clag dir mein grosz hertzenlayd, darjnnen ich armer gesell yetzund kommen bin. Mein hertzlieber vater, ich clag dir, das ich kürtzlichen bin gewest Im Grymmental vnd hab wollen ziehen auf füll zu vnd nach Franckfurt vnd hab mich schicken wollen auf die fart zu dem heiligen zwolfboten Sannd Jacob vnd bin vntterwegen angriffen vnd gefanngen von der von Nürmberg wegen einer frauen halben vnd Irer tochter, die dann Ir veind sein, mit Namen Agatha vnd Helena Odhamerin, vnd lig alhie auf eim schlos zum Brandenstain In grosser, schwerer gefengknus mit hennden vnd füssen eingeschlossen vnd offt schwerlichen anzogen vmb grosse schatzung, vnd geschatzt vmb 70 fl. O hertz lieber vater, ich bit, du wollest vetterliche treu nit an mir vergessen vnd mir zu hilff kommen In meinen grossen noten, wann ich ye vnschuldig darhinter kom, das solche schatzung für mich gelegt vnd gegeben werde, Wann ich ye sunst kein andere hilff oder zuflucht wais dann zu dir. Darumb bit ich dich mein hertz lieber

vater leutterlich vmb gots willen, du wolst mir armen gesellen mit solchem gelt zu
hilff kommen, das Ich solch schwerer gefenngknus losz werde, wann ich schwerlich
vnd hart gefanngen lige vnd grosse atzung vnd kost auf mich get alle wochen 1 fl.
O mein hertz lieber vater vnd auch mein hertz liebe muter Ich bit euch bayde
vmb gots willen vnd des heiligen zwolfboten Sannd Jacobs, Ir wolt mich yet-
zund nit lassen in meinen grossen noten vnd leyden, das Ich yetzund hab, Ir
wolt mir zu hilff kommen mit disem gelt vnd solch gelt für mich geben, das
ich aus solcher schwerer fenngknus erlost werde. Ich wyll auch hinach alles
deines guts nicht mer hayssen noch begern Im leben oder Im tod, wann ich
vnschuldig darhintter komb. Mein hertz lieber vater, lasz dich erparmen mein
gros leyden vnd angst, darjnnen ich yetzund bin. Auch bit ich dich, mein lie-
ber vater, Ist meiner bruder einer doheym, so bit ich sy, das sy mir auch wol-
len zu steuer vnd zu hilff kommen durch brüderlicher treu willen, das ich aus
diser schweren vnd betrübten gefenngknus los werde. Hilfft mir got ausz vnd
mit deiner hilff, so wyll ich arbaiten, das mir das plut aus get vnd wyll euch
all Redlich bezalen. O mein hertz lieber vater ich bit dich leutterlich vmb gots
willen vnd des Jüngsts gerichts willen, du wollest mich In disen meinen gros-
sen noten nit lassen. Damit seyt got beuolhen. Datum geben am Jars abent.

Auch bit ich dich mein hertz lieber vater leutterlich durch gots willen, du
wollest mich mit solicher schatzung nit lanng auffhalten, das ich aus solcher
schwerer vnd betrübten gefenngknus los werde, vnd vfs erst antworten gein
Brandenstain. Des bit ich dich leutterlich vmb gots willen, wollest vetter-
liche treu an mir nit vergessen.
Zedula.
Mein hertz lieber vater ich bit dich, das du den poten, der dir den brief
bringt, nicht vermelden oder offen machen wolst, das es styll vnd verwart sey
bis er kumbt an die ort, do er ausganngen ist. Wo Im was wider fure, so
must ich an derselben stat auch sein. Mein hertz lieber vater, als ich dir ver-
schriben hab, bit ich dich vmb gots willen, wollest mir aufs erst helffen, das
ich aus diser ellenden schweren gefenngknus kom.

Dem Ersamen vnd fürsichtigen man Steffan scyssinger, burger
zu Nürmberg, In der froschau, meinem lieben vater, soll der brief.

4 January 1521 geantwort durch ein paursman, der sich an-
zaigt mangolt von Eberstains hindersess, sey bedrangt, disen
brief her zutragen.

XXV.

Jorg ayden, potten, gefencknus betreffend (Orig.).

Mein freuntlich grusz vnd alles gucz herczen liben hauszfrau vnd hercz
liber Sun vnd herczen libe dochter vnd herczn liben schweger ull, ot vnd Hein-
rich vnd Peck vnd libe schwester vnd herczen liben geschweien vnd hercze
libe schwiger vnd all gut freundt! Ich thue euch zu kuntt, das Ich gefanen pin
gworden von der agata Elena odarmin gen Prantstein gefürt vnd in
dye eysen gelet vnd mich gemarter, das mir das plut zu hanten vnd fussen
Ist ausz ganen, fon meiner heren von normerck wegen der elena odarmin, dor

vmb Sye ir recht in haben wollen erstrecken, dor vmb ausz groser marter mich
müssen schaczen vmb anderthalb hundert gulda vnd dye schaczung gen elm
in das wirczhausz prinen. Soe bit Ich dich hereczen liben hausz frau vnd
liben schweger all vnd libe schwester vnd liben gesweien vnd lib schwiger, Ir
wolt alle fleis haben mit dem pusch vnd czolner, das Sye euch wolten helfen
vnd leien das gelt, vnd due hereczen liben hausfrau als dein gut in ein seczen
vnd dye schweger all purg dar worden, in ein Jar zu peczallen. Vnd liben
hausfrau mit den schwegern vnd schwiger vnd schwester vnd geschweien in
einkeit (?), wo ir ein zuefer (sic) habpt vnd pit Sye vmb gocz willen, das Sye
mir helfen, Ich musz Sunst Sterben. Vnd das auf das fuderlist schicken in
acht dagen noch dem heilthum gen elm in dasz wirczhausz, ober schlücker
gelegen. Woe aber solsz nit geschigt, so musz Ich Sterben. Ich pit auch wn
gocz willen, mir zu helfen, das Ich wider heim kom zu vnd meinen kindla hulf
lenger for gen etc. etc. Vnd Ich armer mus entgelten etlicher treuloszer, dye
vor gefanen synd worden vnd treulosz sünd worden etc. etc. Datum geben
zu Prantstein am ander osterdag (1. April) nach cztf (sic) gepurt als man czalt
im xxj Jar etc. etc.

XXVI.

Schreiben der Agatha Odhamerin und ihrer Tochter Helena
an den Pfarrer Jorg zu Sumerhawsen wegen des Gefangenen Jorg
Aeydt d. d. am pfingstag Im xxj Jahr (Orig.).

Lieber her pfarer, ich schick ewch hie Mitt ein prieff, den Mir ewr ge-
weysch zu geschickt hat. Dar In Ir woll werdt vernemen Ir schriben, aber
es hatt Ir behelff kain gruntt. Dar vmb werd Ir auch sechen, was ewch ewr
schwager Jorg aeydt auch schreyb, vnd wu Ir Im gutz gundt, so hellff Im,
das Im die saczung auff das aller füderlicht werdt. Warlich! es wirtt Im sunst
ein handt abgelosst vnd darnach hem geschickt, dan Ir kundt woll abeneben,
das ich die sacht nit anlein gewallt hab. Ich hab euch schuls Im besten nit
verhallt wollen, dem armen zu gutt euch darnach zu riehen, dan ye lenger er
leytt, je mer darauff get. Datum am pfingstag (19. Mai) Im xxj Jarg.

Agatha odhamerin wittfraw vnd *Helena* Ir dochter.
Gebt dissem botten das botten lon, er mus doch hernach bezal.
Dem wirdigen Hern Jorgen, pfarer zu sumerhawssen, seinem lieben hern
zu hand.

XXVII.

1521. Ruprecht Zurchers (erstes) gefencknus betreffent.

Ruprecht Zurcher sagt, vmb sand Jacobs tag (25. Juli) nagstuergangen dis
21 Jars sey er von hynnen ausgeritten, der maynung gen Ach zureytten, vnd
am sontag sand Jacobs tag am holtz Lintach genantt. Zwischen solchem holtz
vnd Sumering (:Simringen, zw. Giebelstadt u. Röttingen:) hetten Inen zwen
Reutter angesprengt vnd Inen mit einem gespantten stachel gezwungen, auf der
strassen mit Inen Ins holtz zureytten. Darjnnen haben sy In beraubt vnd ge-
nomen sein wetschka vnd taschen. Vnd von dem holtz Lintach haben sy Inen

gefürt an das holtz vnd an den perg zw Aw (:Aub, südl. von Ochsenfurt:). Da weren sy mit Ime still gelegen den gantzen tag. Item des selben tags het der knecht Gilg, so Inen gefangen, den andern knecht, seinen gesellen, hinein gein aw zw einem wirtt, hais thoma Reiffer, geschickt, bey dem lig sein her zw herberg, mit namen Cuntz von Rosenberg. Darauff wer derselbig Cuntz von Rosenberg mit einem knaben vnd einem knecht von Aw zw Ime In das holtz geriten. Also het er denselben gepetten, er solt In sein walfurt lassen ausrichten gein ach vnd Ime daneben angezaigt, er stund hertzog Ferdinando von Oesterreich zw, der het kein feind. Het derselbig von Rosenburg darauff geanttwort: „der kayser, sein bruder (:Ferdinand v. O., Vorsteher des Reichsregiments:) vnd der pundt were ein ding", vnd dabey gesagt: „dw pist ein Rechter vnd must mir 1500 fl. geben". Vnd die brief, so er sager bey sich gehabt, ettliche gelesen vnd doch die wider In wetschka gelegt vnd denselben wetschka selbst seinem knecht an den sattelpogen gehengt. Vnd er sager Inen gepetten, Ime zutrincken zuschicken. Damit were Contz von Rosenberg dauon geritten. Item darnach In einer halben stund wer ein Junger gesel komen, bey 18 Jarn alt, ein grosse flaschen mit wein, auch prot vnd flaisch pracht. Item do es obent worden, weren zwen knecht komen vnd mit Inen procht ein ledig pferd. Darauff hetten sy Inen gesetzt vnd mitt den fuessen gepunden vnd also Ine mit Inen gefürt bis für das holtz auff ein Ebne. Da weren 4 pferd oder Raysige gehalten, daruntter Cuntz von Rosenberg selbst gewest, den arm In einem weissen tuch gefürt vnd abermals mit Ime sager gerett, er müst Ime 1500 fl. geben. Darauff er geanttwort, er hette souil gelts nye beieinander gesehen. Vnd also hetten sy Inen bey der nacht zw einem schlos, heist gnetzza, gefürt, lig In ebem feld. Vnd als sy dohin komen hett die vr 12 geschlagen. Hintter dem schlos hetten sy gehalten bey anderhalben stunden. Darnach hetten sy Inen hintter dem schlos durch ein haberfeld gefürt. Da weren In zwen heraus entgegen komen, Ime sager die füs auff gelöst vnd Ine zum schlos bis vber ein pruck gefürt. Do hetten sy Im die augen verpunden, darnach vber zwu prucken vnd vber Ein schlag prucken, Darnach In einen thurn als vff Ebner erden gefürt. Da hetten Ir drey Inc In einen stock geschlagen, nemlich der gilg, so Inen gefangen, vnd 2 bruder, haissen die göcker, sind Cuntz von Rosenbergs knecht. Item die bemelten 2 brüder, die göcker genantt, weren zw Ime auf den stock gesessen vnd gesagt: „Das ist der **landtfrid**, den der kayser zu Wurms (:wo Karl V. 6. Januar 1521 seinen ersten Reichstag hielt und das Reichsregiment unter Vorstand seines Bruders F. v. O. wieder herstellte, vgl. auch S. 7:) gemacht hat", vnd der ein des mer: „er wolt, das er den kayser im stock hett". Vnd alles, das vorstet, ist geschehen am suntag (28. Juli) des tags vnd die nacht darnach. Item am mentag frw (29. Juli) het gilg gesagt, wie er einen potten gein Nürnberg het geschickt, der wurde erfragen, wer der Ruprecht Zurcher were, vnd am samstag hinach (3. Aug.) gilg hinwider gesagt, Ime were der pot komen vnd gesagt, das er von einem zu Nürnberg gehort, das einer gerett hett, Ruprecht Zurcher gebe gern 3000 fl., er wer wol 1200 (sic) fl. reich, aber er hab ein hertten kopff, vnd darauff 3000 fl. gefodert, darauff lang beharrt vnd Inen hart betröt, auch darauff mit beden henden auch eingeschlagen, het er souil mit Ime gerett, das er die schatzung auf 400 fl. gestellt vnd also pleiben lassen.

Die hab man gein gibelstat an ein holtz geordent, dagegen het man Im zw gesagt, Ine In ein dorff dabey zuanttwurten, das er fürter mit gelait hintter oder für sich komen möcht. Item an der mittwoch zu Nacht vor sand Bartolmes tag (21. Aug.) hetten sy Inen aus dem stock gefürt an ein holtz nit weitt von Rottingen. Vnd Ee sy Inen ledig gelassen, weren 2 Rewtter zw Inen komen, die het gilg auf ein ort hindan gefürt vnd mit Inen Rede gehabt, was wis er nit. Item da sy Inen ledig gelassen, het er gefragt, wo das dorff were. Were Im zw antwurt worden, sy westen von keinem dorff, Er hette ein gutte strassen hinan an ein holtz vnd vntter dem holtz lege ein stettlein, hies Kregling. Het er gepetten, Ine durch das holtz zugeleitten, aber das het nit sein wollen, Sunder einer Ime gesagt, wolt Er Reitten, so solt reytten, oder da beleyben. Also das er ein clein weglein von Inen komen, het er sich vmb gesehen, were der gilg hinweg gewest vnd zwen ander Reutter auff der lincken seyten dem holtz, daran In der gilg gewisen, zugeeylt. Darauff er sich zu der rechten hantt gewentt vnd In einem holtz In einem tall, daruor ein hoch kreutz stee, komen vnd die zwen vber die höch hernach geeylt. Also het er sager das Rottinger holtz, das vast dick sey, ereylt vnd hetten die zwen Inen In solchem holtz gesucht, auch zuring vmb das holtz geritten. Das het gewert bis es tag worden were, het er nicht mer gehort, vnd Er darnach dem glockenleut nachgeritten vnd gein Rottingen komen. Die bauern hetten Im auch gesagt, das sy solche zwen Reutter nachmals zu mer maln an angezaigtem ende sehen hetten lassen.

Item Im schlos genetzza Sey ein vogt, hais Lenhart schupff; aber, so Ime die Reutter gerufft, hetten sy Inen hampas genentt. Item gilg hab ein schwartzen kurtzen zerhauen Rock an, ein schwartzen hut auff, ein groben gemutzten gaul geritten, vnd derselbig gilg hab ein schwartzen part. Item der ander, gilgen gesell, hab ein falchen geritten, sey ein Junger gesell vnd hab ein groben Rock an. Item cuntz von Rosenburg hab ein praun pfert geritten, ein schwartzen kittl an gehabt, auch ein Rotte kappen, daran ein gros vergult crucifix. Item gemelter Ruprecht Zurcher zaigt auch an, das Cuntz von Rosenburg bey her Jorg truchsessen wittwe vil aus vnd ein Reitt Im schlos zw Aw vnd den maisten tail bey der nacht allein.

XXVIII.

Aus dem Land zw Hessen (:a. e. Zettel verz.:).
Von thann aus ¼ meil.
Wolff von der than 2 knecht: schwartz henszlein, kilian aschmesser. Mangolt von Eberstains voyt petter vngerüst geritten. Des von der than knecht lang grob Rock, Rot kappen mit gelben zottlein, grob hut auff, 2 praun langschwantz geritten vnd schieszeug gefürt. Des Eberstains voyt ein graben Rock, ein Rotte kappen mit grün zottlein vnd ein wag vom grün tuch darein genett, ein groben hut auf, ein weis paurn pferd geritten, dauon gesessen vnd auf des trumers pferd gesessen.
Durch Rauch holtz genelit gein Brandenstain, auff ein ackerlenng, daselbst sy plentt gefürt, absitzen müssen, vnd In vorhoff Im schlos hett In Peter vnd Eberstain In das schlos gefürt, nach dem essen zu Nacht mit

henden vnd füssen In ein stock eingeschlossen, 2 tag ligen lassen, Eberstain die Odheimerin bracht sagent, sy wolt lieber ein andern haben, der an Ir sach schuldig were, vnd Ime damit vil von Irer handlung gesagt vnd 6000 fl. schatzung begert, vber 2 tag wider komen vnd 2000 fl. haben wollen vnd zu letzt komen auff 600 fl., 50 fl. für schatzung vnd atzung.

Het der marggraf seinen halben geschriben, hetten sy sein gespot.

Hetten In eins mals getegt, nach der schatzung zu Reitten vnd hetten Im ein sigl graben lassen, sich zuuerschreiben, die schatzung zubringen vnd sich nit afahen lassen; wo er das tett als lang eins knies tief aus der erden essen, bis das er sich wider stellet vnd die schatzung brecht. Damit er zu seiner mutter geritten, die nit funden vnd sich nach 4 tagen wider gein Brandenstein gestellt, hab man In schlos lassen vmgeen vnd bis in die fünfft wochen noch gefangen gelegen, Nemlich von gallj (16. Oct.) an bis auf martinj. Hab der vogt vom Offenhaim die schatzung bracht; der Marggraf hat Eberharten per (?) mit 4 pferden gein Brandestein seint halben geschickt, der hat beteidingt, das er hatt geben müszen 550 fl. für schatzung, 50 fl. für atzung, 20 fl. der frawen für ein schauben an lautterm gold, das hab mangolt eingenommen

Marsilius Voyt, Joachim von der than, Conntz von Rosenberg, Frowein von Hutten, off 25, 30 bis In 40 pferd starck darkomen.

Item am mittwoch nach Jacobi (31. Juli 1521) gefangen worden mit hanssen trumer, den sy Im feld reitten lassen vnd gein gailnheuszen getegt, aber sich nit gestelt (vgl. Nr. 29), er sager am ersten bis vff michelis gefangen gelegen, auf Galli getegt vnd wider gestellt, In 3 tagen sich geschetzt.

Odhaimerin, Ir tochter vnd Ein Junckfreulein, Elslein genant, Marsilius voyten mume (?), auch die fraw offt zu Im komen ye zu —, hetten mit In gespilt, vnd auff die letze het man sy nit vileicht zw Im lassen wollen.

Sich verschreiben müssen, die sachen nit zw effern, das pferd vmb 9 fl. wider gelost, Nach der gefencknus Eberstain 2 knecht, Nemlich schwartz henszlein vnd Hans Reschawer, des Eberstains schultes Im dorff, hinweg belaitt bis auff 2 meil bis gein Rineck, hat In halben gulden geschenckt.

Mangolt Reit offt mit 4 bis 5 pferden eittl mutzen, hat vast gutt gewll zu 60 fl., die 4 praun vnd ein fux mit eim plassen, grab Rock, Rott kappen mitt grün zottlein vnd ein wagen, wag grün, darein genett, auch Rott hosen mit der grün wag, vnd fürt stets armprust; Eberstain hab sein sach mit dem Reitten In gutter achtung.

XXIX.

1521. Lorentz Rottenbucher von merstat, Hansen trumers aidam, hath auff Sambstag nach Egidy den 7 september Inn der kriegstuben angesagt, das am sambstag Sandt Egidien abent (31. Aug.) negst vergangen Hanns trumer, alls er gen Morstat Reitten wollen vnd mit Ime Jorg flockh (s. Nr. 30—33 u. Nr. 38), so hie burger, auch geritten, vnd alls sy zwischen Weichtingen vnd Vntorff ein meil wegs von Morstatt komen, weren hansen trumer 2 Reutter nachgedrabt. Vnd alls dieselben zwen Reutter zu trumer komen, hetten sy Inen vnd flocken gefragt, wer sy weren, hett Flockh gesagt: „von Nürnberg". Vnd do hetten sy von stuudan gefanngen genomen vnd zu t r u m e r gesagt: „du Erloser, mainaidiger poswicht! biszt du auch da?" (vgl. Nr. 28) von stundan zu Ime auch getracht, die pfeil vff Ine abgeschoszen, Aber t r u m e r sich zur wer gestelt, also das t r u m e r hart verwundt vnd geschoszen, Ine für tod ligen lassen. Do were t r u m e r auf gewest vnd Inn ein Dorf eilen wollen, hette das der ein Reutter ersehen vnd dem t r u m e r wider nachgeeylt, die taschen an Ine gefordert vnd zu Ime gesagt, Er wolt Im nichts mer thun. Also hett Ime t r u m e r dj taschen geben, Aber vber das hett Ine der Reutter mit einem pfeil bej der prust hinein geschoszen vnd von Ime geritten vnd dj Reuter den flocken mit Inen gefanngen weg gefürth. Die 2 Reutter haben geritten 2 praun mutzen, aber t r u m e r hab der Reutter nit gekennth.

XXX.

Ein brieff, von Jorgen Flocken an sein hawsfraw ausgangen.

Magdalena Flockin ich hab dir mein elende schwere harte gefencknus vor zum dritten mal geschriben, die sich vmb mich teglichen mert, vnd du hast dir es, Laider got wol es erparmen, nit zw hertzen lassen wollen geen, vnd los mich nit lenger ligen, Lös mich vmb 300 fl. vnd vmb die atzung vnd gedenk vnd pring das gelt selber gein eckweispach oder aber zum brandenstain, als lieb vnd dir dein leben ist, vnd des sey dir einen hartten aid geschworn, dan dw mich ye nit neher kanst vnd magst erlosen sunder ye lenger ich gefangen lig ye mer vber mich geet, vnd darumb so sich vnd pis dar vor vnd das Rat ich dir, dan ich dir nit vil vmbstent schreib, dan sich vnnd gedenck vnd lös mich mit 300 fl. vnd zal die atzung die zeit für mich, so pringstu mich neher mit deinem kleglichen schreiben das dw mir gethan hast, dw vnd mein mutter da pringt Ir mich nit neher, das Las dir gesagt sein, dan ich wol wais das dw mich zu losen hast, got hab Lob, vnd wan dw schon weder haller noch pfenning soltes behalten vnd soltest mit mir petteln geen, vnd so solts mich nit so lange zeit haben lassen gefangen ligen, das wir ein got wil nit bedurffen, vnd darumb gedenck vnd lös mich vnd das Rat ich dir In gutten trewen, dan ich hab mir das schreiben durch grosse pit erborben, vnd ich hab darüber gelobt vnd geschworn das ich dir wol schreiben das ich gelöst werde, vnd darumb gedenck vnd lös mich auf das schreiben vnd las mich nit maynaidig werden, aber es bescheist mich vnd dich der tewffel, vnd das sey dir bey got zugesagt, vnd mein das wortzaichen das ich zum erla parillenmacher hab geschickt ist ein kleins zettelein, vnd dw hast mir auch geschriben, dw habst mir den erla parillenmacher geschickt, aber er ist nit zw mir komen, vnd er hat doch ein frey sicher gelait gehabt, es haben auch die von mörstat 100 fl. für mich wollen geben, aber ich wirt nit mit minder gelts gelost dan mit 300 fl., vnd die atzung mus für mich bezalt werden, vnd darumb Rat Ich dirs In gutten treuen also lieb dir dein leben ist, dw wollest komen vnd das gelt für mich pringen, vnd das sey dir zugesagt, vnd damit spar dich got gesunt, datum geben am samstag nach Sandt merteins tag 1521 Jar.
             Von mir armen gefangen *Jorgen Flocken*
vnd sich vnd gedenk vn acht vnd tracht das dem potten nichts wider far als lieb mir mein leib vnd leben ist, das sey dir zwgesagt.
 An Magdalena Flockin sol der brieff In Ir selbst handt.

XXXI.

Ein ander brieff von Jorgen Flocken an seine mutter Katterina sebolt Flockin (u. s. Schwester Ursula).

O mütterliche trew ist mir armen gefangen von dir gar abgeschlagen worden, des ich mich armer gefangner zw dir gar nit het versehen, den mir laider yzundt In gefencklichen notten erst hülff not ist, vnd pit dich noch vmb mütterlicher lieb vnd trew willen dw wollest mir In meiner hartten kalten thurnlichen gefengknus zu hilff komen auff das ich müg gelöst werden, vnd wollest mich mit solchem cleglichem schreiben vnbekömert lassen, dan es mich nit von meiner gefencknus nit erlost, Sunder es mus got erparmen das mich mein weib wol hat zw losen, vnd des geleichen auch dw mich auch wol zulosen hast, vnd last mich also ellendiglichen gefangen ligen ein so lange zeit, vnd wan mich mein weib schun noch lenger wolt lassen gefangen ligen, vnd so pit ich dich vmb gots willen vnd vmb mütterlicher trew vnd lieb willen, dw wollest mich erlosen, dan dw mein weib kein pfenning schaden solt haben, dan hilffts dw mir vnd got zuuoran das ich gelost wird, vnd so hoff ich, ein got wil, ich wis mich wol Recht In die sachen zw schicken. Dw hast mir geschriben ich sol dir kein solchen brief mer schreiben als ich dir zum Nagsten geschriben hab, vnd das wil ich thun, sich vnd pis hilfflich auff das ich yzundt mit dem schreiben gelost werde, das ich dir vnd meinem weib gethan hab, das pit ich dich vmb leutterlichen vmb gots willen, vnd damit spar dich got gesunt. Datum vnd geben am samstag nach Sandt merteins tag (16. Nov.) 1521.

von mir armen gefangen *Jörgen Flocken*, dein Sun.

O mein hertz liebe schwester vrssel, ich armer gefangner dein pruder pit dich auch leutterlichen vmb gots willen, dw wollest die mutter von meinen wegen pitten das sy meinen weib wolle behilfflichen sein vnd das ich auf das schreiben gelost werde, dan ich mus gelost werden, vnd pit dich auch vmb schwesterlicher trew willen, dw wollest mir dein heyratt gelt darstrecken pis das ich gelost werd, vnd des soltu sehen vnd Innen werden, das ichs vmb dich verdienen wil, vnd darumb so ker fleis an vnd las mich armen gefangen nit lenger gefangen ligen, Item gedenck auch dw vnd die mutter vnd Ir alle das dem potten nichts widerfar als lieb mir mein leib vnd leben ist, da pit ich dich vmb. von mir *Jorgen Flocken* dein pruder.

Liebe mutter gib dem Erlen 2 fl. von meinen wegen vnd die mus er dem potten haben, vnd wie Lenger Ir mich da last gefangen wie mer pottenlons dar vber get.

Der brieff gehort katerina flockin Sebolt flockin meiner hertz lieben mutter In Ir hantt.

XXXII.

Der Briff gehort dem Erle, Pryllenmacher oder Wettschkamacher, wonhafftig Im werdt, Inn sein handt.

Ich Armer Jorig Flock hab euch da einen briff zugeschryben vnnd den überlest offt vnnd secht das Ir mir nichts darynnen vergest vnnd zum Ersten so secht vnnd behalt den potten In eurm hausz vnd thut Im alsz wann Ich selbs

In eigner person bey euch wer, vnd secht das Im nichts wider far als lieb
mir mein leyb vnnd leben ist, vnd da pitt ich euch vmb, mein lieber Erlein,
Ich schick euch hiemit einen briff vnd der stet an Bernhart Strauben
vnd an den Bartholome Flucken vnd an Mertein seldner, vnd Ich pitt
euch gar freuntlich, Ir wolt gen zum Jorg Grebel vnd wolt In pitten das er
mit euch gee vnd helff euch den brif antworten den dreyen mannen vnd das
Ir bede mit einander wider antwort nembt, vnd bit mir meinen gefattern Jorig
Grebel das er mir gegen Inen ein guter fürpitter sey, dann er woll weysz was
Ich Im auff ein zeit gesagt hab. Mer so habt Ir einen briff an mein muter
vnd den lest Ir selber, vnnd Ich hab Ir geschryben, das sy euch zwen gulden
gebe, vnnd die nempt vund kaufft ein pirsch püchsen mit einem eyseren ror
dauon, vnd sprecht zu meiner muter, Ir habts dem poten müssen geben, aber
Ir dörfft dem potten dauon kein gelt geben, dan es wirt die Hanns rumerin
am Weinmarckt (:deren Mann ebenfalls auf dem Brandenstein gefangen lag,
s. Nr. 38—41:) dem poten ein gulden geben alsz Ir dann ein briff da an sy
habt (vgl. Nr. 41), vnd was an den zweyen gulden an der püchsen vber pleybt
vnd das behalt euch zu einer zerung vnnd antwurt meiner frawen Iren briff
auch, vnd nempt allenthalben beschayd vnd pringt mit euch einen guten Wel-
schen wetschka, den will ich dem schencken der mein warrt, vnd Ich pit euch
Ir wolt mit meiner frawen die schatzung pringen vnd Ir wolt nit aussenpley-
ben, vnd sag nymant von dem briff denn Ich an die drey Man geschryben
hab, vnd kumpt mit dem potten zum Prantstein, dann Ir dorfft euch nichts
besorgen, damit spar euch got gesundt, datum geben am sambstag nach sant
Merteins tag Im 1521 Jar.
Von mir armen Jorgen Flocken.

XXXIII.

Ein brieff von Jorgen Flocken an Bernhardin strawben, Bartolme
flucken vnd merthein Seldner.

Mein armen freuntlichen grus schreib ich Armer Jorg flock euch dreyen
zuuor an, vnd ich armer gefangner pit euch drey leutterlichen vmb gottes
willen, das Ir mir armen gefangen wollt behilfflich vnd berettlich sein auf das
ich armer gefangner von meiner hertten gefencknus khumm vnd mog gelost
werden vnd das ich meinen kleinen 6 vngezogen kinden lenger mug vor sein,
vnd da pit ich euch drey lewterlich vmb gottes willen vmb, dan ich wol wais
wan die Reitfoglin noch In leben were, got gnad Ir, vnd got helff mir mit
sambt euer hilff vnd von Irem gut, das ich gegen got vmb sy vnd auch vmb
euch mit meinen kleinen kinden verdienen wil, dan ich wol wais, wan sy noch
In leben were, das es mir armen zw dem grossen vnrat nit komen were, da
es mir laider got erparms zu komen ist vnd darumb so pit ich euch alle drey
mer mals leutterlichen vmb gottes willen das Ir meinem weib wollet behilffli-
chen sein auf das ich armer gefangner mug gelost werden vnd damit spar
euch got gesuntt. Datum geben am sambstag nach martini Im 1521 Jar.
Von mir armen gefangen Jorgen Flocken euern mit vormundt.
Den Erbern Beruhardin strawben, Bartolme Flucken
vnd merthein Seldner sol der brief In Ir handt.

XXXIV.

1521 den 19 october samstag verzeichett.

Hans Pürkel auff bedroe sagt, alsz er gester 3 wochen am freitag (27. Sept.) hie auszgeritten, gen Farchaim benacht vnd am samstag frue mit seinem gefertten (:Hanns Henn [Heintz]:) gen bambergk In desz pürstenpinter hausz geritten, da geessen vnd vngeuerlich vber drej vierttel stundt nit alda gepliben, auff staffelstein Rciten wollen vnd ein schrifftlich gleitt genomen, vnd alsz sie für güszpach geritten, haben sie den meine (Main) auff der lincken handt vnd den weg auff der Rechten handt auff staffelstein zw geritten, vnd pej der krüm an den weingartten, da man den weg geprückett, sein Inne 3 Reutter entgegen kumen, die tzwen gespandt armprüst oder stachel gefürtt vnd der, der merer vntter In, nit gespandt vnd gefragt, ob sie bambergisch weren, hetten sie geantbartt: „Ja". Also hetten die Reutter vmbgewandt vnd mit Inne geritten vnd wollen wissen, wie sie heiszen vnd ob sie von Bamberg seien. Darauff Pürkel geantbartt: „wil die warheit sagen, wir haben gleit vud sein von Nürnberg", vnd die Reutter für frewndt vnd bambergisch gehalden. Alsz sie aber also ein gut weil mit einander geritten pisz der weg preit worden ist, hat der merer vntter den Reuttern das armprust vom satel genomen vnd zv dem Pürkel gesagt: „dw wirst gefangen sein!" vnd In genott, das er In globen vnd die handt geben müssen, wie wol er sich desz am Ersten lang gewerdt vnd das gleit angczogen. Haben aber vmb das gleit nit geben wollen, vnd die andern pede Reutter haben den Henn auch zv globen genottett vnd sie genodt(?), von statt mit In zv Reitten, vnd durch den mein getracht vnd von stat müssen Reitten auff Zapffendorff zu vnd sich gesteldt, als wolten sie auff Pantz abwenden. Nach wolgendt den kopf gewendett auff das Hennenbergisch vnd die Puechen zw. Also müssen Reitten, dasz sie Koburgk vnd vil schlosser gesehen. Het der Pürkel vnter wegen zw merern mallen gesagt: „wesz wolt ir zeihen? nempt die pferdt vnd die zerung, laszt vns Reitten!" Haben die Reutter gesagt: „wir haben mit den von Nürnberg nichtz zuthun, sunder mit Bamberg, wir wolten euch wol zu Rechter zeit Reiten lassen". Aber Pürkel heldt sie für bambergisch vnd acht darfür, das sie zv bambergk verkundschafft sein. Als sie aber durch den mein geritten, sein von feren 3 ander gegen In gerandt, hat der merer gesagt: „sie thun vnsz nichtz, weisz wol, wer sie sein". Acht Pürkel, das ir hinter hut sej gewesen, vnd die nacht albeg pferdt hinter In gehort. Vnd als die nacht kumen, haben sie des Hennen halffter genomen vnd den Pürkel gepunden vnd pej dem pferdtz zeim zügel sie gefürtt, die nacht vber perg auff vnd ab vnd durch gestrewsz vnd an ettlichen ortten vntterschleiff gesucht, man hat sie aber nit einlassen wollen, vnd Reitten müssen pisz ein stundt vor tag. Sein sie kummen zv einem wasser hausz (:Thundorf, östl. v. Kissingen:), da hat man die pferdt heraussen In ein alten stall gethon vnd die gefangen zu fusz In das wasser hausz gefürt vnd In zv essen vnd trincken geben, vnd nach volgendt In die gefencknus Im wasser thurn Ebes fues gien müssen, doch hat die gefencknus zwe staffel eintritt. In diser gefencknus ist der Pürkel gewest 17 tag, pisz er mit der schatzung gelost; deszgleichen der Henn pisz er nach der schatzung gezogen. Vnd In der gefencknus hat man den Pürkel vnd den Hennen iden miteinander vnd iden mit eim fusz eingeschlossen vnd sie pede zusamen kupeldt. Wenn einer auff ein ortt gerücket, so hat der ander mit hoschen müssen. Vnd ist ein laussig vnd flochig stro vnd hewe Im thurn gewest, also das der Pürkel vermeindt, soldt er lenger gelegen, so must er gestorben sein. Vnd sagt, das man sie offt hart bedrott, sie mitt pein an zv greiffen. Vnd alsz sie nun sich schatzen müssen, der Pürkel für 800 fl. vnd der Henn für 400 fl., das hat den nomen also gehabt, aber Pürkel hätt das geldt allain auszgeben, vnd meindt, woe man gewist, das er eim Rat hie verwandt gewesen, es were Im nit wol gangen. Haben gesagt, sie haben erfaren, das der Pürkel ein fetter, hab tuch feil, sej Reich, vnd am ersten 2000 fl. gefordert.

Aber Pürkel weisz nit, wo er gelegen. So wisz er auch nit, were die Reutter sein; acht nit, das ein namhafft edelman dar vnter sej, wiewol der merer vnter In sej ein geschickter Reutter man. Vnd derselbig merer hab geritten j fuchx gemutzt pferdt vnd j schwartzen weiten fligenden kitten, ein Rotte kapen vnd ein groben hut vnd In der kapen die Bambergisch farb zotten plob Rott, weisz vnd gel (:Anzug des Kunz v. Rosenberg, vgl. Nr. 20—22:); der ander j groben Rock vnd ein grüne kapen an vnd ein groben hut wie der erst ein prawn gemutzt pferdt; der dritt, der knecht sein sol, j schwartzen fligenden kittel, ein Rote kapen, ein groben hut wie die andern vnd die farb wie sein Junckher die bambergisch farb zoten plob Rot weisz gel, vnd j schwartz langschwantz pferdt mit afftergereit.

Vnd die Reutter haben gesagt, sy müssen sein der odhamerin vnd Irer tochter gefangen. Es hab In ein schreiber von Nürnberg, heisz der graff (:8. Dec. 1520 von Kunz v. Rosenberg bei Roth gefangen, s. Nr. 21:), nit gehalden, wasz er zv gesagt, dar vmb wollen sie nit mer trawen, wan der Pürkel hat sie angemuett, In Reitten zw lassen nach der schatzung vnd seinen gesellen zu behalden, das sie aber nit thun wollen.

Vnd alsz sie den Hennen auszgeschickt vmb die schatzung, haben sie Inne gefürtt pej Nacht bej 3 meil wegs vnd Ime gesagt: „Reit auff dem weg, so kümstu gen schweinfurtt". Doch Ist dem Hennen eingepunden, nichtz zv sagen. So er also gen schweinfurt gekomen, hat er weitter gefragt pisz er hingekomen, doch nit auff bambergk zw, vnd ist dem Hennen eingepunden, nichtz zusagen, damit man In nit auff halde, vnd woe er sich offenware, so müsz Pürkel sterben, vnd Im heissen, die schatzung prüngen auff ein stettlein zw heist Ebenhausen. Vnd bey demselben stettlein ist ein Capelein, heist zwm heiligen Creutz, ist ½ meil von dan, ist auch nit weit von schweinfurt, darjn sol man auff den mitboch wartten vmb mitag. Do selbst hin ist kumen der, der Edelman oder merer vnter In ist, vnd der Inn der grün kapen. Dieweil sie aber, der Hen vnd die andern, den Pürkel nit gesehen oder gepracht, haben sie die schatzung nit auszgeben wollen, also das die Reuter wek geritten vnd schatzung In der capelein lassen verharren. In der Nacht haben sie den Pürkel pracht vnd ein hinter hut gehabt vnd ein fewr auszgeschlagen vnd das geldt gezeldt vnd die gefangen ledig gelassen. Er acht, das es sey 3 meil vom wasser hausz pisz da hinn, vnd Iren weg genomen auff schweinfurtt vnd nachuolgend gen Nürnberg gen (sic).

Sagt, er acht das hausz, das es deutschen herrn zu gehörn sol, dan dar jn ist newr ein voit vnd hat vil knecht vnd meidt vnd ſich. Das haben sy ausz der gefenknus Im hoff gesehen.

XXXV.

Auff bedroe — Heintz, schneider, sagt, er sey mit Pürkel, schneider, auszgeritten am freitag vnd samstag gen bamberg kumen, pej $3/4$ stundt alda gepliben vnd In desz pürstenpinter hausz geessen vnd das gleit genomen, wollen Reiten zvn 14 nothelffern. Vnd alsz sie für güszpach hinausz gekomen, haben sie 3 Reutter In entgegen angeriten, gerechtfertiget, darnach vber ein weil gedrungen zv globen, mit In zv Reiten. Wie wol sie sich desz gewerdt vnd des gleit gezogen vnd sich darauff beschützt, hab sie aber nit helffen wollen, vnd die Reuter gesagt: „wir können nit lesen, keren vnsz an deine briff nit, sunder Reit mit, wir wollen euch die peuttel nemen vnd Reiten lassen", desz sie sich versehen. Aber alsz paldt sie durch den mein gekomen, hat man Inne die peuttl abgegürtt vnd sie benotigett, weitter zv Reitten vnd sie nit Reitten wollen lassen. Vnd also geritten den tag vnd die nacht seltzam weg pisz gegen tag. Sein sie kumen zu einem wasser hausz. Da haben sie müssen abstien vnd vber die prück hinein gien vnd darnach vber ein schlag prucken In das schlosslein, darnach In ein gewelb Im thurm gefürtt, darjn sie In grosser vnlust desz vnzifersz ligen müssen. Vnd alsz sie am suntag frue dahin gekomen, hat man sie angesprochen vmb schatzung. Haben sie Ir armut vnd hantbergs leut angezeigt vnd doch zv irer entledigung gesagt, sie wollen frewndt vnd feind an Ruffen vmb 200 fl., sie zv losen, ist darnach komen auff 400 fl., aber kein gütige antbort bekomen mögen, also das der merer der Rewtter vnd der In der grün kapen sein wek geritten, vnd mügen vileicht mer lewt nach In gehabt, vnd von montag darnach auszen gepliben pisz vber acht tag vnd aber schatzung begerdt vnd sie da hin bedrot, das sie 600 fl. gepotten. Aber alles ir armut anzeigen nit helffen wollen, sunder die ersten 2000 fl. gefodert haben wollen vnd doch Im ende dahin kumen pisz auff 1200 fl. Alls erst haben sie In Ire gefenknusz gelindertt, dem Pürkel j ketten an ein pein vnd den hen ein ketten an ein arm. Vnd nach volgendt hat man In licht geben In die gefenknusz, ist altd, vnd einen schreibzeug vnd papier. Da hab er den schreib zeug ansehen wollen, ob der nit wapen oder warzeichen hett, vnd daran gefunden, das ein schildt auff dem schreibzeug vnd darjn also (:einen durch ein aufrecht stehendes Kreuz in 4 Felder getheilten:) schildt. Vnd dieweil sie also den schild aldo gefunden, haben sie das gewelb der gefenknus oben auch angesehen vnd an dreien ortten oben Im gewelb solche zeichen gesehen.

Vnd alsz der brieff geschrieben, haben sie Ine geplendt herausz gefürt, wie wol sie vngeplendt hin ein gefürtt. Vermeindt, das hausz vnd die perschonen wol zukennen, wenn er das vnd die sehe. Aber darnach haben sie In geweist auff weg, damit er her gen Nürnberg kumen were, alsz er seinen verspruch gelobt vnd dem Pürkel zv gut, vnd die schatzung genomen vnd mit andern dreien an die ort, so er beschiden, getragen. Vnd alsz er zu Ebenhaussen geessen vnd sich nit merken lassen vnd darnach In die Capelein zw heiligen ✝ genandt an mitboch gekomen vnd alda mit seinen geselen gewartt, sein die tetter kumen, woe sie den Pürkel mit In gepracht wolten sie sich etzbasz vnterstanden damit sie die schatzung mit dem Pürkl weck pracht. Aber der Pürkel nit alda gewest. Der ist erst gcholdt In der nacht, aber gleich wol auff den hinter hut, so die Reuter gchabt, haben sie das geldt hinausz geben vnd von dannen gezogen vnd sie zw geroltzhoffen da hin gekomen, hab er alda gefunden 2 Nürnberger, nemlich kerling knecht vnd kellner, den kremer pej der fleischprucken, die In gekandt vnd zwm teil die geschicht gewist. Aber er hab sie darfur gepetten, nicht dauon zu Reden, aber gleich wol hab der wirt gesagt: „dürfft euch nicht fürtten, habt ir nit geldt, so wil ich euch leihen", vnd sich erpotten, sic vor tags ausz zv lassen, alsz er gethan pej 4 stundt vor tags vnd selbst ein guten weg vor tag mit einer latern mit In gangen vnd sie auff den Rechten weg gewissen.

Dasz schloszlein leit nit weit von Sultztall, ist ein tal, vnd pej dem schlosslein ist ein flecken, es sei ein stettlein oder merktlein oder dorff, da pej (:Maszbach? oder Lauringen?:), darjn man alle tag zv der mesz vnd zv zeiten zv der vesper leut vnd singt. Er acht es darfuer, das disz wasser hausz nit weit von morstat lige, vnd acht es dar fuer, das es nach den zeichen den teutschen herrn zv gehore. Vnd haben ausz der gefenknus gesehen, das man auff dem hoff holz hakte, fich vnd knecht vnd meidt; hatt aber kein Edelman, sol alda sein allein Ein foit.

Alsz er zv geroltzhoffen gewesen, haben die tzwen: desz kerling knecht vnd der kellner, mit dem wirt von solchen geschichten geredt. Der hab gesagt, als vil er den Henn In gedechtig, das Jorg strümpff, tzwischen volkach vnd heidenfeldt daheimen, vnd einer heisz steinbach, mitsampt dem knecht das gethan haben, vnd disser knecht, vermeindt der Henn, er sei desz Lucas schütizen knecht gewest hie am soldt.

Die Reutter: der merer vntter In j fuchx mutz pferdt vnd j weitten kitel, ein grob kapen, j groben huet; der ander ein Junger j groben Rock, j grüne kapen In tzwickeln gel vnd prawn koder, ein groben huet, ein prawn mutzen; der dritt j schwartzen kittel, j schwartz Rosz mit ein affter gerett, eine Rote kapen vnd groben huet vnd farb In zotten. Alsz der merer vntter In Nach der schatzung geriten, hat er ein schimel mutz pferdt geritten mit einem fuligen zeug.

XXXVI.

Erfarung der gefengknus, an Hainrichen Pürckel vnd Hansen Henn beschehen vnnd dann durch herrn Enndresen Tucher gefragt. Actum 4. post vrsule (24. Oct.) 1521.

Hainrich Pürckl vnnd Hanns Henn sein gefragt, wo der glaitsbrieff sey, den sie gehabt haben. Sagt, der sey Inen genomen worden sambt der taschen vnnd allem andern, so darin gewest, vnnd dasselb glait sey vff Ine den Pürckl selb ander zu Rosz gestanden, vnd daselb glait hab der Ottelman, Auch der pürstenpinder gesehen, das es Ine also geantwurt worden ist. Das dem also sey, das haben Sie bede Bürckl vnnd Henn Einen Ayd zu gott vnd den heiligen alsbald geschworen.

Sagt verrer der, den er für den Edelman halt, hab geriten ein fuchsen, so ein mutz, gee nider mit dem kopff, hab hangend oren. Dieser hat ein groen kappen am hals gehabt vnd nit Rot. Der knecht mit der Roten kappen hab In seinem Ermel die Bambergisch farb gehabt, das hab er selbs gesagt vnd auch bekant, das er etwa hie des Augustin Schützen knecht gewest sey. Vnd dann der In der grün kappen hab gesagt, Er kenne den (vermainend den Pürckel) ye lenger ye mer, dann er hab Ime offt claider gemacht vnd er sey hie etwo Im marstall gewest vnd haysz Ammann.

Der wirt zu schweinfurt, genant Flitner, hab Ine beden daselbst ein fur bestelt vnd sie haben Ime nichts von Irer gefengknus gesagt.

Sagen, Als sie zu dem schlosz, darin sie gefürt, kumen, sey dauor ein tieffer weeg, vnd vor der prucken, gleich an dem tieffen weg, an der linken seyten am hineinReiten, stee ein clein weisz hewszlein, dabey ligen auch bej 6 hewslein vnd gegen dem weyszen hewszlein vber hab man ein hewszlein new mit stro gedeckt. Vnnd als sie vber die prucken hinein kummen, wern sie vff die lincken seyten In viehe hoff durch ein clein thor In ein vihe stall geriten vnd in demselben lanngen stall abgesessen. Darnach wern sy ausz solchen stal zu fusz gefürt vber ein schlah prucken vff die lincken seyten In ein öd ding, darin ein gefengknus ist, darein sie Ebens fusz ganngen vnd gelegt worden. Vnnd dieselb gefengknus sey ein Sibeller thurn vnnd nit hoch, wie hie die thurnlein Im Stat graben mochten sein. In derselben gefengknus haben sie die Rosz horen füttern vnd ein glocken horen leuten. Aber solch geleut sey in einem andern dorff von diesem schlosz gewest, wisz nit wie weit. Vnd alsz sie darnach ausz der fangknus oben vff diesen thurn zwu stiegen hinauff gefürt, wern sie in ein stuben gelegt worden, dieselben fenster verstopfft. Dasselb schlosz hab kein fliessen wasser, sonnder ein steend wasser vnnd dauon ein wasser graben, der sey von Pachenstein gemaurt, vnd hab dauor ein lichtzaun. Dazwischen vnd dem graben wer gar ein schoner hirsz gangen, den hetten wir woll gesehen, vnd wan die paurn gült hetten bracht, hetten sie offt von Mörstat (:Münnerstadt:) geredt, das hetten sie gehört.

Sagen sie weiter, den weg, den man sie In das schlosz gefürt hab, sey er Pürckel gerad wider herausz gefürt worden. Vnnd weren also bey einer stund geriten vnd darnach nit weiter, als gein Sant gilgen hie von dem Rothausz sein mag, An Morstat hingeriten, vff der Rechten seyten ligen lassen. Vnnd als er Aber bey einer stund gefürt, weren sie bey einem klein weissen Stettlein hinkummen vnd dasselb vff der Rechten seyten ligen lassen vnnd also bey dreien meyl wegs bisz zu dem koppelein gefürt worden.

XXXVII.

1521. Clas vischer am sold hat am Eritag nach marthini den 12 Nofember angesagt, das er sager heut 8 tag vergangen zw schweinfurt ausgangen auff maspach, von dannen auf thundorff, das selbig haus besichtigt vnd befunden, das thuntdorff das haus sey, dar Innen Heinrich Pürgkl vnd hans Henn gefangen gelegen. Dann er sager mit sambt dem Hennen halber vmb das schlos bis an die prucken gangen. Vnd gett die stras hartt an der ewssern prucken hin. Nach volgent sey er sager mit sambt dem Hennen auf ein hoch vnd perg gangen, sich daselbst nyder gesetzt vnd das schlos nach aller notturfft besichtigt vnd in das schlos gesehen, also das henn lautter sagt, das solchs das Recht schlos sey, darjn sy gefangen gelegen. Henn hab auch zw einem wortzeichen angezaigt ein haimlich gemach, so neben der kemetten gelegen, darjnnen Pürckl vnd Henn gefangen gelegen. Solch haimlich gemach haben die gefangen In acht gehabt vnd In der gefencknus gehort, wenn Leut darauf gangen sein. Zw einem merern wortzeichen hab Hennen auf gemeltem berg gesehen die prucken Ee man In den vorhoff khomt. Auf derselben prucken stee ein thor, Inerhalb desz selben thor auff die linken hand darjnnen ein thürlein, dadurch sy gefürt. Ee man In den vorhoff kombt sey ein stal, darjn sy abgesessen, vnd nachmalln zwen turlein wider herausz. Zw der Rechten hant Im vorhoff gee ein schlach prucken vber den gefütterten graben zu dem schlos, dar vber sy zw fus gefurt. Vnd als Pürckl vnd Henn hin vber komen, hett man sy zw der Lincken hant vntten an der maner herumb neben der kemeten vnd Rechtem schlos In einen thurn gefürt, am graben Im schlos ligende. Das hab Henne Im Clas Vischer auf dem perg angezaigt.

Item als Henn Vischers ansag auch gehort, hat er zu mererm wortzaichen angezaigt, das er alle tag In der gefennkgnus hab Leutt an einem steig sehen auff vnd nyder geen. Der selbig gee auf den perg, do er, henn, vnd vischer auf gesessen sein, das schlos zu besichtigen, vnd sein bede den selben steig hinauf gangen. Hab auch gesehen zwen gros weiden koppen, so In einem tieffen weg ausserhalb des schlos vnd grabens steen, Vor der gefencknus, dar Innen er vnd Pürckl gelegen, steen, die er alle tag In der gefencknus gesehen vnd derselben war genomen. Vnd vor denselben weiden koppen vber den hinüber stee ein clein hewslein, so mit Newem stro ytz gedeckt sey, das er auch gesehen In der gefencknus mit sambt dem Pürckl, dan man eben das selbig zw der selben zeit gedeckt. Item In solchen schlos sey auch ein alter Narr, der habe ye zu zeitten vast sere geschrien vnd eine grobe stym gehabt.

Item Heinrich Pürckl hat solche ansag auch gehört, sagt vast derselben gemes vnd des mer: als er In der gefennckuus gelegen, hab er gesehen, das man ein scheckpferd aus dem schlos mitsambt andern pferden geritten hab. Item als Henn vnd vischer auf dem vorgemelten berg vnd steig gelegen, das schlos zubesichtigen, sey ein weib den steig hinauf komen, vnd als das weib sie sager ersehen, hette sy wider vmbkert vnd zuruck gangen, also das sy sich vermutten, das weib sey wider In das schlos gangen vnd sy angezaigt, also das sy sager von dan Rucken müsten, vnd gein Lawring komen, das vngeuerlich ein halbe meil von thuntdorff lig, daselbst ein trunck wollen thun. Seyen vngeuerlich In einer viertel einer stund 7 pferd zu Lawring durchgezogen, daruntter der vorbemelt scheck gewest vnd zu vorderst geritten. Haben sy sager von einem pfaffen daselbst gehortt, das solche Reutter Lorentz von schaumberg sey. Habe der wirt den pfaffen darumb gestopfft vnd haissen still schweigen, wie wol solchs der wirt daruor clasen vischer In gehaim auch angezaigt, das es Lorentz von Schaumberg were gewest. Dieselben Reutter haben des selben tags nit weit von Lauring an einem aichholz gehalten auff der stras gegen bamberg zw, also das sy sager derhalben gewarnnet, dan sy Inen sunst In die hend komen. Haben aber nach beschehener warnung einen andern weg für sich genomen vnd dauon komen.

XXXVIII.

1521. Hanns Rumers genant Hörauf gefengknus betreffent.

Hans Rumer horauff genant hat auff pfintztag nach Lucie den 19 December angesagt, als er sager am Erigtag nach Dionsy (sic) den 15 october von eyfelstatt vnd Randsacker Im land zw Francken ausgeritten, In willen her gein Nürmberg zu Reitten, vnd als er die stras gein ypphoffen bey dem landthurn komen, weren Ime 4 Reutter auf der stras von ypphoffen aus vntter augen komen vnd armprust vnaufgespant gefürt. Von denselben 4 Reuttern haben Ine sager zwen angesprengt vnd die andernhalten beleiben Inen gefragt, von wannen er Riet, den er geantwurt von Randsacker vnd wolt gein Aynershaim. Hetten die Reutter gesagt: „wollan Reit mit vns, dw wirst gefangen sein". Den er geanttwurt: „das wolls got nit, fart schön, ich pin gut marggrauisch", vnd sich auf Sigmundt von Zedwitz zu Winspach, von dan er pürtig ist, versprochen. Hetten die Reutter gesagt: „Nayn! dw pist Nürmbergerisch vnd haben des gut wissen. Darumb Reit mit vns vnd pis gefangen". Het er sager gefragt, wes gefangen er sein solt, hetten sie Im geanttwurt: „Agatha odhamerin vnd helena Ir tochter gefangen wirstu sein vnd Mangolten von eberstain". Hat er Inen als pald geloben müszen, mit Inen zureyten, nit von Inen zw weichen, auch kein geschray machen oder wortzaichen geben. Haben In als pald mit dem lincken pain mit einem strick an das steigleder gepunden, vnd also vmb zway gein nacht, als die gefennknus bescheen, von der walstat einen kromen weg hiumb auf ochsenfurt an den landt thurn zw genomen, doselbst dem thurner geschrirn vnd vmb 4 stund In die nach aufgeweckt, sprechent: „Hoscha! Hoscha! wir sein thüngisch vnd müsen heut noch weitter reiten, Las vns durch!" Het gleich wol der thurner lang nit auf thun wollen, aber auff der Reutter statlich anhalten het der thurner aufgethan vnd sy durchgelassen, darnach wider gespert. Da weren die 4 Reutter mit Im sager hintter der stat ochsenfurt auf dem graben hinumb komen vnd die gantzen nacht den mayn hinab geritten vnd vngeuerlich ein meil vnter wirtzburg vnd hintter Wirtzburg hintter dem schlos hin vber den main komen, von dannen die nacht bis an den tag geritten an ein holtz oder strewslein nahent bey einem grossen dorff oder mercklein, wisse das selbig nit zunennen. Vnd als here tagt weren die 2 Reutter In das gemelt dorff oder mercklein geritten, das essen zubestellen, die andern 2 Reutter weren bey Im sager Im holtzlein halten belieben. Nachmaln haben die Reutter, so das essen bestelt, den wirt, dobey sie eingeritten, heraus In das holtzlein geschickt, das die andern 2 Reuter mit Im sager auch hinein Reitten solten, das sy gethan vnd frw auch hinein komen. . Ligt das haus das dritt haus von dem thor vnd haisse der wirt Petter oder Hans, hab das Im schrecken nit aygentlich gemerckt, aber der wirt hab ein kleins tochterlein 7 oder 8 Jar alt. Vnd als sy In das wirts haus komen, haben sy In sager In ein kammer gespert vnd die Reutter stets bey Im ab vnd zugangen bis das essen vertig worden, Inen In stuben geführt vnd sich zusamen ann ein tisch gesetzt vnd miteinander gessen, vnd darnach wider In die kamer gespert vnd den tag do beliben bis auf mittenacht. Bey dem selben dorff oder marckt lig ein trenck hart am thor am Einhin Reitten zu der lincken hant. Der hab er aigentlich war genomen, ob aber das dorff oder marckt ein kirchen oder hernsitz gehabt, wis er aigentlich nit, hab des nit war nemen konnen, dan es noch frw vnd thunckl was, do man In hinein gefürt, aber als er am tisch gesessen, hab er 3 oder 4 klengler mit einem kleinen glocklein horn thun. Vnd von der ytzbemelten herwerg weren die 4 Reuter mit Im sager vmb mitenacht am mitwoch nach der that auf gewest, In abermal mit dem Rechten pain zw dem steigleder gepunden vnd pfintztag den tag durch den walt, die Puch genant, auch velder vnd ander altweg pis zum Brandenstain komen. Vnd wo sy dorffer oder leut vntter wegen gesehen, haben sy dieselben gemiden vnd hintten hingeritten.

Vnd als sy gein brandenstain komen, haben sy Inen sager vntten bey einer klein mül, darbey ein trenck ist vnd vntten am perg vntter dem schlos lig, geplennt vnd bey derselben mül hinauf In das schlos gefürt, hab er daselbst am schlos kein prücken gemerckt. Vnd als er In das schlos komen, hab es bey der stallung Ein kleins prucklein, dan er solchs am Reitten empfunden, do er In die stallung komen. In der selben stallung haben In die Reutter also geplentt von dem pferd gehoben vnd von stundan In die gefencknus, so In der stallung ist, gefürt vnd Inen mit henden vnd füssen In ein stock eingeschlossen, vnd ein stund vngeuerlich In die nacht weren Ir zwen, nemlich clas, als man In nennt, des von eberstains knecht, so In hat helffen fahen, vnd der kelner Im schlos, Hans genant, zw Ime sager In die gefencknus komen vnd begert, sich zuschatzen, Inen auch als pald mit einem strick hintterwertling mit den armen vnd henden aufgetzogen vnd netten wollen, sich zuschatzen, aber er sager hab Inen angezaigt, er sey ein armer gesell vnd vermög nichts zugeben. Haben sy Inen des selben nachts Ruen lassen, die andern nacht weren Ir 4 wider zu Im komen. Das sein die gewest, so Inen gefangen, vnd abermals begert, sich zuschatzen. Het er Inen angezaigt, er vermecht nichts zu geben, were arm, aber damit er fuderlich entlediget werden mecht, het er 50 fl. zugeben versprochen, das Inen vbel verschmacht vnd 1000 fl. gefordert, leuchter wurde er nit auskomen. Vnd als er sein vnuermögen Inen abermals angezaigt, hetten sy In mit henden vnd fuessen In gespantte eysen geschlossen vnd die nacht also ligen lassen. An der dritten weren 4 vorbemelten aber komen vnd ye 1000 fl. haben wollen vnd Im ende aaff 800 fl. verhartt, hett er sich 200 fl. zugeben bewilgt, aber es hett nit helffen wollen. Hett Inen mit sampt den eysen vnd panden wider In den stock geschlossen, von Ime gangen, pald darnach wider komen vnd angezaigt, das sie sich entschloszen hetten, 400 fl. für die schatzung zunemen vnd alle wochen 2 fl. für die atzung vnd nichts mynder. Da er sager solchen ernst gesehen vnd die hertten gefenncknus, het er sich bewilligt, das zugeben, nach dem sy Im auch getröt, hend vnd· fusz abzuhauen vnd die einem Rat her zuschicken, dan seine hern In vnd ander burger zw solcher gefencknus prechten, es were alles noch schimpff, wurde mit der zeit noch erger werden, wo sy die sachen nit zw einem vertrag prechten. Als er sich zw der schatzung die 400 fl. zugeben bewilligt, heten sy Inen aus dem stock vnd gefencknus genomen vnd In ein stüblein Im schlos gelegt vnd Inen mit gelüb vnd aid verpunden, sich Redlich zuhalten, nit ausprechen oder dauon trachten bis die schatzung seinen halben mit sampt der atzung bezalt wurde. In dem selben stüblein were auch gefangen gelegen Jorg flock (s. Nr. 30—33), so etwa hie Entrunen ist.

Het Ime der edelman Im schlos (d. i. M. v. E.), der nur ein mal bey Im gewest, durch seinen diener sagen lassen, nach der schatzung zuschreiben vnd die schrifften auf das hertest stellen, das er gethan, vnd was Inen In der schrifft nit gefallen, das selbig aus gethan vnd durchstrichen.

Der edelman sey ein langer geroniger man, ernstlich mit einer schneidenden Red vnd wol berett vnd als er In acht bey den 45 oder 50 Jarn alt sein. Heten In sein knecht am ersten her Sigmundt vom Brandenstain genent, darnach Eberhart vom Ebersperg vnd zum letzten Mangolt von eberstain, het gleich wol der edelman gesagt, er wolt sich des Brandenstains nit verzeihen. Were der edelman sambt Seiner hausfraw, die ein Rot, dick, stark weib sey, wider zw Ime komen sprechent: „Lieber freundt, Ir ligt gefencklich hie, das ist mir nit lieb, es ist euer hern schuld, die thun der odhaimerin vnd Irer tochter gewalt vnd vnrecht, kan sy zu keinem vertrag oder austrag bringen, vnd nach dem Sy Ir sachen an dem Camergericht erlangt, hab ich Ir hilff vnd beistandt zugesagt, sy ist Nun mer ein alt verlebt weib vnd ist sy vnd Ir tochter des Iren notturfftig, darumb secht, das die schatzung pald gefall". Hett das weib auch gesagt, es were Ir die sachen lait, man musz ye sehen, das man die von Nürnberg mit der odhamerin vnd Irer tochter zu einem vertrag, Ir karung zuthun, brecht. Der Edelman, sein weib hetten ein Jungs tochterlein bey 7 oder 8 Jarn bey Inen gehabt, hett er sager die frawen gefragt, ob das der odhaimerin tochter were, darauff geanttwort: Nain, es were Ires pruders tochter, dan sy kein kind het. Vnd als er sager In der stuben gefangen gelegen, het Im sager ein lang gerade praune metze auf 2 oder 3 mal vngeuerlich zw essen pracht, het er die diener vnd knecht Im schlos gefragt, wer die Junckfraw were, hetten sy Im geanttwort, es were der odhaimerin tochter. Aber der odhaimerin hab er nit gesehen, kenne auch derselben vnd Irer tochter nit.

Vnd nachmaln In der stuben gefencklich enthalten worden bis die schatzung hat gefallen sollen. Were steffan potlein komen, begert, Inen zubesichtigen, ob er noch gesunt were. Hett Inen der Edelman abermals plennttten lassen vnd durch seinen schultessen vnd noch Ir 5 oder 6 mit Inen In die vorgemelt mül vntter dem schlos geplent fueren lassen. Hett In steffan Potlein besichtigt vnd der schatzung halb mit Inen gehandelt, aber sy hetten von den 400 fl. nit weichen wollen vnd Inen also geplent wider In das schlos gefürt In das vorbemelt stüblein, darjnnen er bis In 9 wochen enthalten bis die schatzung komen, die er also bezalen hat müszen. Vnd bey dem herab fuern In die mül sey der keiner gewest, so Inen gefangen haben, er sogar hab auch den erlein, parillnmacher (s. Nr. 32), nye gesehen, noch weniger mit Ime geret, allein was Im der flock geschriben. Item am pfintztag vor Lucie den 12 December were steffan potlein mit der schatzung komen, hetten In sager die 3 Reutter, so Inen am ersten gefangen, 2 stund In die nacht vngeplent hintten zum schlos aus durch ein ander thor vber ein kleine prucken vnd schnelgattern hintter Inen auff einem pferd In ein dorf, elb genant, In ein wirtshaus gefürt, da dan die schatzung hat gefallen sollen, vnd er steffan potlein gefunden vnd die schatzung bezalt, Nemlich 400 fl. vnd 14 fl. für die atzung, hab darauff ein vrfed gethan vnd geschworn, nymant dauon zusagen, auch die gefencknus nit zu effern, auch derhalben ein verschreibung geben müszen. Des gleichen hab

Im die odhaim erin auch ein brief behendigen lassen, darjnnen sy bekent, das er Ir gefangen gewest sey.

Darauff er sager, so pald er die schatzung entricht, mit seinen freunden, Nemlich steffan Potlein, des krelln diener am weinmarckt wolff genant, Vlrich N. sein schwager von ellperstorff vnd ein tagloner, hans mair genant, zum gostenhoff wonhafft, von Elb hinweg gezogen vnd Iren weg auff Karstat, gmundt vnd Wirtzpurg zu genomen. Er sager sey sunst an keinem ende, dan wie ob stet, gefencklich enthalten worden, auch In kein ander schlos pracht, so kenne er der Reutter keinen, die Inen gefangen, allein vermeine er, das einer vntter Inen der Jung Philip von Rüdickhaim sey, seins bedunckens hab er In vor ettlichen Jarn hie gesehen, sey ein langer, dürrer gesell bey 38 Jarn alt, haben, do sy Inen gefangen haben, lang grab Rock an gehabt vnd einer vntter Inen einen graben gippen mit einem vberschlag, grab hut vnd grab kappen, hab einer wilhelm, der ander cristoff der drit clas sich genent, des vierten namen hab er vergessen, aber seins bedunckens sey es ein edelman gewest, hab ein langen Roten part gehabt vnd ein besondere farb In der kappen. Aber als man die schatzung pracht, het er den part abgeschorn. Haben geritten ein apffelgraben schimel, ein praun, Ein Rappen gemutzt vnd ein schwartzfarben gaul mit schopff vnd schwantz.

Im schlos hab er kein warzaichen mercken konnen, dan man hab In albegen geplent aus vnd ein gefürt, aber ein starcker Narr sey darjnnen, den hab der kelner 1 mal 2 zw Im sager In das stüblein gefürt, Sunst haben die knecht ye Im schlos geschrirn: „wir haben heut aber gest! es sein die von hutten vnd ander vil vom adell", der namen er In der betrübnns nit aller war genomen, vnd es sey vil ab vnd zureytens Inn dem schlos.

Die Reutter, so Inen gefangen, haben Im sein Ros vnd was er sunst gehabt, genomen vnd Inen zw fus mit bezalung der schatzung vnd atzung von Inen komen lassen.

XXIX.

An Barbara Hanns Rumerin, am Weinmarckt wonhafftig In der Rotenburger hausz, soll der briff In Ir handt.

H. A. R.

Mein Freuntlichen grus wisst von mir Lieber gemahel vnnd hertz aller liebster gemahel mein vnd Rarbara Hanns Rumerin am Weinmarck wisz von mir armen gefangen, deinem man, das Ich mich aus harter swerer gefengknus geschatzt hab vmb vier hundert gulden, vnnd darumb mein hertz lieber gemahel bitt Ich dich leutterlich vmb gots willen vnd das du mich armen gefangen, deinen Man, vmb solche Suma gelts wolst lösen vnd nit lenger gefangen lassen sitzen, dann es get alle wuchen zwen gulden vber mich vnnd Ich lieg dannoch hertiglichen vnd schwerlichen gefangen. Darumb pitt Ich dich lieber gemahel leuterlich vmb gots willen, das du mich auff das erst, So du kanst vnd magst, erlost von meiner harten gefengknus. Mein hertzlieber gemahel versetz vnd verkauff, was du kanst vnd magst, vnd ruff freundt vnd veint an, damit du mich erlösen mögst von meiner harten gefengknus. Ob sach wer, das du mich ytz zeiger dits briffs lost vnd sage mit dem Erlein Parillenmacher In aigner person zu dem potten vnd der wird dir vnderricht geben, dann das gelt must du gen Eckweyspach pringen vnd sych vnd gedenck, das dem potten nichts widerfare als lieb mir mein leyb vnd leben ist, vnd feyer nit darunter, dann du waist, wie mein sach ein gestalt hat mit den heckern zw Francken, vnnd mein hertz lieber gemahel schreyb mir wider antwort bey diesem potten, Auff welichen tag Ich armer gefanger man mich erfrewen soll der erlösung von meiner harten gefengknus, vnnd du wayst wol, das Ich ein schwacher man bin, vnnd ker dich nit an verfürer, die dich verfürn wolten, das du mich nit losen sollest, vnnd las dir das gelt nit lieber sein, dann mich armen gefangen, deinen man. Ich hoff zu got vnd will mirs dester seurer lassen werden, das Ichs wider vberkumb mit der hilff des allmechtigen gots, vnd grüs mir mein dochter Berblein vnnd spar euch got gesunt. Datum am Suntag vor aller heyligen tag (27. Oct.) 1521 Jar.

von mir *Hanns Rumer*. deinem armen gefanngen Man.

Vnnd Ich lasz dich wissen, das Ich der Ageda Ödheymerin, Elena Irer dochter vnnd Irer helffer helffern gefanger bin.

XL.

Eliche trew mit sampt meinem freuntlichen grus beuor, Mein hertz allerliebster Man, Was grosen schmertzen vnd hertzlayds Ich aus deiner gefengknus empfangen hab, kanst du wol gedencken. Bin aus solchem erschrecken vnnd kumernus schire aller meiner synn beraubt, Got der allmechtig woll vns baiden trost vnnd beistand thun. Mein frumer lieber Hanns nechten an aller Heyligen tag ein stund In die nacht ist mir ein briff von dir zukomen, welcher mir gros freud pracht hat, In dem das Ich dich noch bey leben erfarn hab, Widerumb auch grosen schmertzen empfangen, wie du mir schreybst, das du In so groser harter schwerer gefengknus ligst vnnd dich darynn geschatzt hast vmb vier hundert gulden, Welchs ye Inn vnserm allen vnd gantzen vermügen nit ist, vnnd du weist wol, das wir biszher zu keinem vorrat nye komen sein, haben allwegen mit geliehen gelt, das vns frumb lewt geliehen vnd fürgestreckt haben, biszher gehandelt vnnd vns mit groser arbeit beholffen. Du waist auch wol, was wir noch schuldig sein, vnnd ob wir schon dagegen ein wenig weins noch haben vnnd auch etlich schuld bey den heckern zw Eiuelstat, So waist du wie wir bezalt von In werden vnnd mit was mühe wir solchs wider zu gelt können machen. Auch waist du ye wol, das wir ytz kein bar gelt haben. Darumb, mein hertz aller liebster man, kan vnd waisz Ich dich bey der warheit vmb solche grose schatzung nit zuerlösen, vnnd ob Ich schon alles das, das wir mit harter Mühe vnnd arbeit zu samen bracht haben, verkauffet vnnd hingöbe vnd mit bloser hand dauon gienge, das doch ye zuerparmen were, das sich solchs alles nit also auff ein grose Suma als vier hundert gulden erstrecken kont vnd möcht Mit sampt allem dem, das wir haben vnd vermügen. Wo es aber leidlicher vnserm armen vermügen nach sein möcht, als ongeuerlich bey hundert gulden Oder schon ein kleins mer, das doch ye genug wer, wolt Ich müglichen vleys fürkeren, das Ich verkauffet vnd bey fromen leuten souil zuwegen mocht bringen, damit Ich dich aus deiner schweren gefengknus möcht erledigen vnnd dir zu hilff komen, Darumb Ruff an vnd bitt dein herrn vmb gots willen, das sie dir In deiner gefengknus wollen genad vnd barmhertzigkeit erzeigen vnd die genad mit theylen, dich genediglich halten, nit gantz vnd gar vns vmb vnsere arme schwere erarbete narung bringen, damit wir vns vnnd vnser kyndt auch dester lenger mit eren mochten hinpringen. Bitt dich darauff, mein hertz allerliebster Man, wollest mir daruff auffs aller erst du kanst vnd vermagst widerumb zuschreyben, was du bey deinen herrn vnd Jnnckhern erlangen magst, wie sy es mit dir halten wollen, So will ich allen müglichen vleys fürkern vnnd dich nit verlassen, Ehe alles gut, das wir haben, verkauffen, vnnd wann wir schon miteinander In das elend geen musten vnnd petteln. Aber Ich hoff, sy sollen dir genad ertzeigen, So will Ich dich nit lassen, damit bisz got alltzeit beuolhen vnd der himelischen kunigin Junckfrawen Maria. Geben zw Nürmberg gantz Eylends frue an aller seel tag Im 1521 Jar. *Barbara Rumerin*, dein elicher gemahel.

XLI.

An Barbara Hanns Rumerin am Weinmarck In des Rotenburgers hausz gehort dieser briff Inn Ir handt.

H. A. R.

O mein harte schwere gefengknus las Ich dich wissen von mir armen gefangen Man, vnd dein schreyben hab Ich vernumen das du mir gethan hast, es wirt nichts daraus, dann Ich mus haben vierhundert gulden vnnd die atzung, vnd gedenck das es gefall vnd anders wird nichts daraus, ich musz gelost werden, Aber Ich musz noch herter gefangen werden, Aber Ich bitt dich als Ich dir vertraw als einem lieben gemahel, du wollest mich aus dieser harten gefengknus erlösen, vnnd das gelt must du schicken gein Prantstein, traust du dirs aber nit mit gewyser potschafft dahin zupringen vnd so macht es gen Würspurg In wechsel vnnd gee zum Eyrer das er dir hilfflich vnd retlich sey bey wem du wechsel machen sollst, vnnd sag Im nit warzu du das gelt wolst prauchen, könst du aber nit wechsel machen So schlag das gelt ein vnd schick es bey dem Linhart Payr oder du meinst das es gewysz sey, vnd schick es zum Claus Friderich gen Würspurg vnd schrey Im darpey das ers gein Pranstein verorden vnd schicke. Lasz mich bey disem potten wissen das es Ja sey vnd dann Ich musz vmb die vierhundert guldien vnd die atzung gelost werden, Nemlich ein wuchen zwen gulden, vnd darumb gedenck vnd las solche vncostung nit vber mich gen, vnd gedenck vnd los mich ytzund auff das schreyben, dann es nit anders gesein mag, thust du das nit so solt du es dein lebenlang gegen mir nit abwaschen, das sey dir zugesagt, vnd gedenck das es wer, vnd anderst nit wirt nichts daraus, da glaub mir vmb vnd schick das klein zettellein das war zeichen mit dem gelt, vnd gib dem potten ein gulden zum warzaichen zu lon von meint wegen, vnd sich vnd gedenck das dem potten nichts widerfare als mir mein leyb vnd leben sey, das sey dir zugesagt, damit spar dich got gesundt mich vnd dich bisz das vns got wider zusamen fügt, ein gott will, lang vnd zeit, am Sambstag nach Sant Mertens tag (16. Nov.) 1521. H. A. R. Von mir *Hanns Rumer*.

XLII.

Caspar Wegerer hat Ruprecht Zurchs gefencknus halb nachuolgende anzeigung thuen, Actum 16 Decembris 1521.

Sagt an sontag vergangen virzehen tag (1. Dec.) weren er sager, Ruprecht zurch vnd hans, des Ruprecht Zurchs knecht, von hynnen aus geritten, der meynung gen bosen zureiten, die erst nacht zue erlang vnd dj ander nacht zue Bamberg gelegen. Vnd alls sie an eynem eritag frue zue Bamberg aus geritten für Rattelszdorff hynaus vnd auff einen wisz flecken kumen, weren Inc fünff gereysig entgegen kumen, sich also getheilt, das sich zwen zum Zürch, zwen zue Ime sager vnd einer zu zürchs knecht gethan, gefragt, wue sie hin wolten, doruff sy geantwort, weren zue Bamberg gewesen vnd wolten gen koburg. Also hetten die gereysigen von leder zogen vnd sie all gefangen genomen bey einem alten haus oder stadell, das auff der wisen lig, vber ein wasser, darnach vber ein clein zeit wider vber das wasser vnd vber ein hohe hinaus bey einer mül vnd also die gantz nacht gefürt worden, das er des kein anzeigung zuthuen wisz. Vnd alls sy die nacht geritten vnd tag worden, weren zue einem schlos vnd mercklein kumen, daselbst in einem holtzlin ein weil halten müssen, darnach auff ein alt boes schlos gefürt worden, lig ein dorfflein dabey. Da weren sie all dj nacht in einer stuben bey einander gelegen, folgend den andern tag het man sie wider aus gefürt vnd weren als sie ein nacht vnd ein tag geritten vnd dj ander nacht vmb 3 hore geym brandenstein kumen. Item kein reuter hab sich genent, der einer heis marsilius vnd ein knecht heis Lynhart, hab nur ein hanndt. So haben sie all mit den pferden so offt abgewechsellt, das er nit eigentlich kun wissen, was Ider für ein pferd gehapt hab, dan der Lynhart hab ein weisz pferd gehapt, das wisz er aus der vrsach, dan er sager hett auff desselbigen pferd sitzen müssen, sunst haben sy In gemein soliche pferd gehapt, Item zwen braun mutzen, Item ein schwartzen mutzen vnd ein Jung rotschymelin langschwentzig. Item von cleydung haben sy angehapt: Der, so sich Marsilius genent vnd seins achtens ein edelman gewesen (:war M. Voit v. S.:), hab ein groen rock vnd kappen angehapt, dergleich sein knab, dergleichen dj andern alle, aber marsilius vnd sein knab hetten hosen angehapt vnd weren ploc vnd roet gewesen. Item vnter solichen fünffen weren Ir zwen lang person gewesen, nemlich einer so allwegen mit dem marsilius zue rat gangen, vnd der ander wer ein knecht, aber marsilius wer ein zymliche person, nit zue clein noch zue grosz gewesen. Item er sagt, der Ruprecht Zürch sey gelegen bis an dritten tag vnd sich nit schatzen wollen pis so lang der knecht kumen, ein eysern halsband bracht, das hett Inwendig vil eysern spitziger zacken gehapt, solich halszpand hetten sy Im angelegt, vnd ehe drey stund hett er sich vmb 2 thausent guldin geschatzt. Item sagt, es sey einer auff gemeltem schlos brandenstein, nit ein grosse person, der hab sich her Zeissolff von Rosenberg genent, der hett Ime ein briff geben, den hett der Zürch geschriben mit dem beuelh, den hicher dem caspar dürnlein den zupringen, Vnd wer Inc vnter wegen ansprech, solt er sich vff her zoissolffen von Rosennberg versprechen.

LXIII.

1522. Rupprecht Zurchers anndere gefenngnus.

Am Sontag Aduent (1. Dec.) Ritt Ich von Nürmberg ausz gen Bayerzsdorf. Ee dann Ich zu der Stat kam, Sahe Ich, das mir einer nach Reut auff einem weyszen gaul, fragt Ich In, wem er nach Reut, Sagt er, er wer Im negsten wirtshawsz gewesen, het mich sehen für Reuten vnd er wer des wirts knecht In der Stat, Riet er mir, Ich sollt heint bey dem wirt pleyben, Es wer spat. Item alls Ich zu dem wirt kam, merckt Ich wol, das er mich wunderlich ansahe. Ich gab Im gut wort, fragt er mich, von wann Ich wer, sagt Ich Im: „von kernten" vnd Ich gehoret hertzog vernando von Osterreich zu. Darauft sagt er: „Ja, Ich hors an der sprach, das Ir ein osterreicher oder derselbigen art her seyt. Darauff fragt er mich, wo Ich hinreuten wollt, sagt Ich Im: „nur gen Bamberg, aber die zwen Jungen Reuten gen leyptzigk". Item am Morgen sprach Ich zum wirt: „lieber wirt, Ir wist, das ein gast nycmandt trew er hat, alls ein wirt, besonnderlich allsz ein frembder man Im land. Demnach bith Ich Euch, Rat mir, ob Ich eins gleyts notdurfftig bin, so will Ich es nemen, Euch darumb geben, was sich gepürt". Sagt der wirt: „Ir dorfft keins gleyts, Ir seyt sicher In dem land, vnd wann Ir goldt auff der hanndt trügt, Ir werdt sicher, durfft euch nit besorgen". Item am abent, alls Ich zu der Stat Bamberg nahet, sahe Ich ein Reuter neben der vorstat, eylet dem waszer zu, da Riet Ich auch dem waszer zu Eylet, er vor von myr hindan für mich In die stat. Ich kundt nit aigentlich erkennen, wo er her kom meins bedunckens ist er nach mir herkomen. Der man fürt gar schwartz, vnd sein pferd was mittel, nit grosz vnd gut apffelgrab, het ein langen schwantz. Item am Eritag Rit Ich zu Bamberg ausz. Alls Ich In das velt kam, sprach Ich zum Hanns Kürn von Dantzka: „lieber, schaw vmb, ob du Reuter sehest." Gegent vns ein pawer, fragt Ich In, ob er Reuter het gesehen, sagt Ja, einer wer ver vor, Er füret harnisch. Dhweyl Ich mit dem Redet, Ritt Hanns Kürn für vnd für, Rufft Ich Im, sagt Ich Im, der pawer het ein Reutter gesehen, der fürt harnisch, lacht hanns kürn vnd sprach: „er weysz vil, was ein Reutter Ist". Darauf spricht Hanns kürn: „der gesterich wirt hat euch für ein Edelman gehalten Im wolffszpeltz vnd mich für ewrn geraysigen knecht". Item Enhalb Ratelszdorff auf einer wisen am graben komen 5 Reutter, die fingen mich, fragt Ich, wesz gefangen Ich sein sollt, sagt Marsili In beysein der andern Reutter: „Ich bin hanns thum von abszperg, desz gefangen bist". Alls wir anhuben zureuten, sahe Reinhart von Nisika hanns kürn nach der scitten an vnd sprach: „Das ist ein geraisig knecht!" Item den Eritag vnd die nacht fürten sy mich das noch 3 stund auff den tag war vngeuerlich komen wir für ein schlosz, das ligt vast an einer Eben, da hilten wir bey einer stund daruor; aber die 2 Edelman Marsili Veit vnd Reinhart von Nissika die warend vor geritten, warnn Im schlosz die zeyt, weyl wir darfor hilten. Da schickten sy ausz dem schlosz zu vnns, hiszen vnns vom Schlosz abreitten In ein dicken wald. Darynn hilten wir wol 2 stund auff den tag. Da kamen die 2 Edelman wider ausz dem schlosz zv vnns In wald, fürten mich wider für das schlosz, das liesz Ich zur lincken hand vnd Ich Riet auf die Recht hand. Alls Ich zu dem berg Riet, sahe Ich drey Schlosz auf dem perg nacheinander ligen, allweg eins hocher, dann das annder, vnd das vndten auff der eben am berg, daruor wir bey der nacht gehalten haben, das Ist das 4 schlosz, vnd ligen alle 4 nach einander ¼ meyl wegs. Allso fürtten sy mich auf dem berg In ein schlosz, das Ist das trit schlosz, vnd ligt noch ein Schlosz hoher, das ligt gar hoch. Vnd das Schlosz, darein sy mich fürten, was kein edelman Innen, dann ein alter man vnd sein fraw, den nenten die Reutter hofman. Item alsz pald wir In das Schlosz komen, do gieng hans kun (sic) aus der stuben, was ein lang weil dausz vnd die edelleut bey Im. Da er kam, sache Ich in an, sach er nör vnder sich. Also gaben sy Im sein Wetzsckar wider vnd alle seine brieff, die knecht warn von stundan gut eins mit Im. Vnd mein gelt vnd gulden, was Sy mir genomen hetten, das theiltten Sy auff dem tisch. Also lagen wir den mitwoch tag vnd nacht still. Am pfintztag morgen frue kam Marsilius Pub, pracht Im ein brieff; darauff rietten die zwen edelman frwe wegk In das erst Schlosz, dartzu sy vns das erst mal fürten, Sy fürten mit In mein wetzschker. Darauff prachten Sy etlich paurn, die Iren knechten vnnser hülffen hütten. Sagt ein altter paur: „Ich wolt In meinem hausz lieber wasser trincken, alsz ich da söl sitzen, sol wein trincken, Ich sich woll, wie es zu get, aber vnnser herrn wöllens also haben!" Der paur was In dem negsten dorfflein bey dem Schlosz daheim, meins bedunckens nent ers gan oder kan. Item an dem Pfintztag zu nacht fürten Sy mich ausz dem schlosz wider für das Schlosz, daruor wir hielten an der eritag nacht. Da schickten die zwen edelman Marsili vnd Reinhard ausz dem Schlosz zw vns, wir solten wissen, das wir ferrer Rassen müssen. Darauff sagt mir Wilhelm fusz, wan Ich mich redlich hielt, So woltten Sy mich In ein schlosz füren zw eim edelman, der liesz seine gefangen Im schlosz vmbgen, hielt sy gar redlich. Was mein antwurt: „Ich will mich redlich haltten". Darauff kamen die zwen edelman ausz dem Schlosz. Marsili het sein pferd In dem Schlosz gelassen vnd Riet ein weissen gawl, sagt er, den het man Im In dem schlosz geliehen; mer sagt er mir, er het der frauen den Rabin geschenckt vnd ein Ammodisten vnd zwen vngerisch gulden alsz zw einem Ring. Also fürten Sy vns Pfintzten nacht vnd den freitag pisz vmb vesper zeit. Do rait aine (sic) In ein dorff, pracht ain paurn zw vns insz holtz mit habern, wein vnd prot, sagten sy, wir hetten noch fünff meil zw Reitten, meins bedunckten heist das dorff Eckweispach, hatt auch dem von Eberstein zugehörd.

Item als wir zu dem Brannenstein noch zwo meil wegs hetten, reit Reinhard von Nissika mit dem Hans Kün hintten hernach allein, darnach trapt er eylend herfür zw Marsily vnd Spricht: „Ich hab den gefragt, er sagt von syben", das ander sagt er Im gar In das oren, das Ichs nit hören kund, was Sy ermaintten. Mer sprach er: „Ich hab In gefragt, wie er sich zw Nürmberg haltt", darauff hat er gesagt: „er halt sich hoch vnd kostlich". Wie Ichs hört, also sagt Ichs Hannsen, do laugt er sein nitt. Ee dan wir zum Brannenstein komen daruff sprach Ich zw Im: „wie magstu sagen, das Ich mich costlich haltt zw Nürmberg?!" vnd pat In, er solt nit liegen, solt dj warheit sagen; dann es wurd dartzu komen, das wir gegeneinander sten müssen, wurst du mich anliegen, wur Ich In ein lugner schelten. Er schwig vnd der Reinhard redt wider mit Im. Was Ich dem hansen gesagt, das sagt er dem Reinhard, darauff In Reinhard ledig hat wollen lassen. Do hat der Hans gesagt, das ros wer mein, dan Ich het Ins gelihen. So vertrosz Sy, das Rosz an der hand zufueren vnd hiessen In, mit In reitten. Das hatt Reinhard offenlich gesagt an dem tisch, das Hansz hörd. Item am Sambstag Nachzeit do pracht Mangolt vom eberstain dj Odheymerin vnd setzt mir sy an dj seitten vnd sprach: „da pring Ich eurn feind!" Sy sagt vil grosse ding von den von Nürmberg, sy het Im Camergericht was erlangt mit Recht, das Ir nit kont volgen, mit vil wortten. Dj Edelleut sassen In der Stuben, hortten zw. Was mein Anntwurtt: „Liebe fraw, ich hallt euch nit für mein feindt, Ir sagt mir von den von Nürmberg, darumb ich mich nichts an nym, Ich bin kein Nürmberger, ich — In nichts verpflicht. Sy haben mit mir weder zu bieten noch zu schaffen, bin ain Burger zu Sannd Veit in Kerntten, da bin Ich gelobt vnd geschworn meinem gnedigsten herrn hertzog Verdinandus von Oesterreich, der ist mein gnediger vnd lanndsfürst." Sagten die Edellewt: „Du hanndelst mit den von Nürmberg!" Sagt Ich: „nit andersz als ain gasst zu Nürmberg wie zu Leiptzig oder anderszwo als ein gasst bej einem wirtt, Demnach liebe Fraw hapt Ir kein spruch zu mir, noch zu meinem gnedigsten herrn vnd lanndsfürsten, darunnder Ich gesessen bin zu sannd Veit in Kerntten, ich hab auch das ain brieflein in meinem wegkschger, den mir die Edellewt genomen haben." Da stund vff Manngolt von Eberstain vnd sprach zu der Odheimerin: „geet hinaws, wir müssen ein annders tun!" vnd fürtten mich In stockh, Schlossen mich mit baiden füssen Ein. Der stockh was vasst enng, das klagt Ich Christoff von Nissika, griff, das der stock enng was, sprach Er: „Ich wils also haben!" Reinhart von Nissika, Wilhelm fuchs, die drey haben mich in stock verschlagen. Vber zwo stund kamen Sy wider vnd sprachen: „Du böszwicht! du hasst vor geschwatzt, bis trewlos worden". Sagt Ich: „Sy haben mir nit gehaltten, ich hab In müssen entringen ans holltz gen Röttingen" (s. S. 45). Sagt er: „Du lewgst!" vnd tratt mir vff die füsz Im stock, das Ich nit anndersz dacht, Er tret mirs gar ab, Ich schray ser. Darnach prachten Sy ein Eysen, legten Sy mir an hals, das hett Negel Inwenndig, die mich In hals stachen. Das Eysen pracht man von einem anndern Schlos. Item darnach vordertten Sy fünffthalb tausent guldin. Ich sagt, solich gut hett Ich mein lepttag nit gehapt, bott In 400 fl. zugeben, lieffen Sy wegk, Sprachen, Sy wollten mich anndersz lernen, Reden, Sy hetten gute kundschafft, Es wurd In auch bald ein Eysen kummen, So wollten Sy mich lernen synngen. Da das Eysen kam, da Rit die fraw wegkh, wann aller sach ist Sy ain Rat geberin, der Edelman hat nicht, dann was Sy geraten hat, vnd die drey brüder von Nissika haben Ir gar gefolgt, sind Ir vetter. Item da das Eysen kummen ist, haben Sy mir baid hennd darein geschlossen neben einander, mich bey dem Eysen schlos zogen, auffgehabt ver der Erden, vber den stockh mich zogen, das schlos mit den hennden Enhalb am stock an nerb gehanngen, mich also daran hanngen lassen, Sy wegk ganngen. Da hab Ich geschryrn, haben mich die Negl Im hals gestochen, Sagen, Sy wollten nit mynder nemen als 2000 fl. Sagt Ich, habs nit, Ist mir nit müglich vffzubringen, Erpot mich In 600 fl. zugeben. Also kamen Sy vber anderhalb stund wider vnd sagten, Sy wollten kains pfening mynder nemen als 2000 fl. Daruff sagt Ich, hett Sy nit, wesst Sy auch nit aufftzubringen, also giengen Sy wider wegkh. Da tett mir das hanngen In dem Eysen Schlos also wee, das Ich zu Inen sprach, sollten wider kummen. Da sprach Ich zu In,

9

Ich wollts In gern geben, wenn Ichs mocht auffbringen. Sagten Sy, wöllt Ichs geben, So wollten Sy mich aus dem stock lassen. Was mein anntwurtt, Ich wollt mein hochsten fleis haben, darnach schreiben. Daruff sagten Sy mir zu, mich Im schlos ledig geen lassen, so lanng die schatzung kemm.

Item darnach vber 10 tag kammen In brief, das sich Mangolt setzet sich nider zu mir, was gar güttig, sprach Er: „Wollt gott, das Ir In einer anndern gefenngknuss wertt!" sprach das drey mal vff einander. Sagt Ich: „lieber Junckher, Ich bin gern Ewer gefanngen".

Vber ettlich tag kam Contz von Rosenperg, Ist der frawen gar nahennder Vetter. Allso sagt die fraw offt am tisch zu den Reuttern: „wann Euch ein kauffman nit halt, was er Euch zusagt, so haut Im hend vnd füsz ab, last In ligen!" Mer sagt sy offt von eim von Weiers, der het ein kaiserlich gleyt gehapt bey Im, wer erstochen worden, die das thun, hetten kein straff darumb gehapt. Fragt mich die fraw, wer mir gesagt het, das Ich Im schlosz genetze gelegen wer, was mein anntwurt, Es sein 15 Schnitter vnd schnitterin die nacht Im vorhof gelegen, die haben mich mit Iren augen gesehen ausz dem Schlosz Netzke fürn an der Mitwoch nacht vor sannt Bartholmes tag (:s. S. 45:), die habens offenlich gesagt auff den kirchtagen. Sagt die fraw: „sie haben gleich ein vnfürsichtig volck vnd gesindt, allsz wirs hie haben!" vnd sprach darauff: „wir Edelleut laszen einander nit, da Richt euch eben nach, Ir müst halten vnd thun, was wir wollen!"

Am Morgen darnach kam Mangoldt von Eberstein vnd Contz von Rosenberg. Mangold sprach: „du wolst mich auch vor dem Regiment vmbtziehen verclagen?! Ich will dich setzen!" vnd troet mir mit dem vinger. Cuntz von Rosenpurg sprach: „du solts da nit sitzen, wann Ich dich het, Ich wollt dich recht setzen vnd dir ein ader nach der anndern auszreiszen, die 2000 gulden will Ich selbs geben, die gefangen müssen vnns ytz auff weinnachten 15000 gulden geben". Sagt Ich: „wann Ir mich toten wolt, Ist bald geschehen". Sagt er „nein! Ich will dich acht tag Reissen pisz das du stirbst". Sprach Ich: „lieber Junckher will ich doch thun, was euch lieb Ist", sprach er: „du helsts nichts", hub er an sprach: „schaw mich Recht an! wo hast du mich gesehen? Ich sprach: „Ich kan nit wiszen, wo Ich Euch gesehen hab; wann Ich schon Euch gesehen hab, so hapt Ir ein kappen an gehapt". Sprach er: „schaw mich Recht an! hast du mich gesehen, so sags!" Ich sprach: „nein, Ich kan nit wiszen, das Ich Euch gesehen hab, Es sein ein weyl mit mir geritten Ir Siben, da man mich gen Netzke hat gefürt". Sagt er: „wer hat dir das gesagt, das Cuntz von Rosenberg dich gefanngen hat vnd zu dir In wald kumen sey?" Sagt Ich: „kanns nit wissen, man hat mirs offt gesagt, Ir fürt die hannd oder arm In einem pand (vgl. S. 44), seyt allso mit einem pferd gefallen; wann Ist einer bey der nacht zu mir komen vnd ein weylund mit geritten, hat sein arm In einem pand gefürt, hab Ich vermeint, das wer Cuntz von Rosenberg". Sagt er: „Wer hat dir das gesagt?" Ich: „kanns nit gewiszen, Es sind zu Roting vil frembder leut In mein herberg komen, die haben einer dem anndern gesagt, wann es mir leben gült, so weisz Ich nit, wer sy weren". Sagt er: „du waist wol, was du gen Wirtzburg geschriben hast!" Er zog ein brieff herfür vnd lase, das man Im geschriben het von Wirtzburg, Er sollt sich ausz des Bischofs flecken von wirtzburg thun,

Er wer darin nit sicher. „Das hast du gemacht, du waist woll, was du dem Bischof geschriben hast, das schreyb Im wider ab!" Sagt Ich: „will thun, was euch lieb Ist". Do sprach er: „du pist der grost poszwicht, den Ich nye erkent hab; weist du, was du geschworn vnd gelobt hast?" Sagt Ich: „weisz nit, was er mir fürgehalten hat, dann Ich was thotlich kranck, das ich nit west, was er sagt". Sprach er: „nur ein schwert In dich gestossen! Ich weysz wol vnd ken wol die gutten gesellen, so dich geschatzt haben, du hast sy all In grosze sorg vnd vnglück pracht, vnd wann du die 400 fl. (:s. S. 44:) hest farn laszen, so sest du nit da. Allso must du noch 2000 fl. dartzu geben, du poszwicht!" Am Morgen kam er wider, liesz mich schreyben dem bischoff vnd Ime auch ein brieff zugeben, das Ich an In, an Bernhard von thüngen vnd lorenntz von Rosennburg nichts erfordern wol. Ich sagt, Ich wols gern thun, Ich kün nur nit schreiben. Ich schrieb zwen brieff. Als sie es lasen, sagt die fraw, Sie wolt nach aim schreiber schicken. Schickt sie geen Stain nach dem Schulmaister. Er kam, wasz Ich dabey, Sagt Conntz von Rosennbergk zu dem Schulmaister, Er het sorg, was Ich schrieb, das het Ich nit willens zuhalten. Sagt Schulmaister: „lasst mich sein schrifft sehen, daran will Ich wol sehen vnd erkennen, was willens er ist". Darauff namen sie In hinaus vnd lasen mein schrifft mit Ime vnd er copirt nach seinem gefallen. Also must Ichs schreiben ein brieff dem bischoff, ain dem Conntz von Rosennberg brieff, hat Mangolt von Eberstain sein sigill darauff gedruckt vnd Contz von Rosenburgs knecht sind zeugen vnnd Jorg fluck vmb Insigel hab Ich betten. Item Ich bat Conntz von Rosennburg, das er mir auch ein brieff geb, damit Ich versichert werd, das er vnd die seinen fürbas In vngutem nichts gegen mir fürnemen, also gab er mir ein brieff vnnder seinen Sigil, den hab Ich noch.

Item Mangolt von Eberstain vnd Cristoff vnd Renhart bede von Nissika, Wilhelm fus vnd Clas Rieten all mit einannder gen Onspach auff ein tag, so mit Hanns Thoma gehalten ist. Dieweil hüttend mein paurn mit namen Reschhaber, kitlinger vnnd sein son vnd der kellt. Item da sie wider komen von Onspach, het sich Mangolt mit Hanns thum von Absperg knecht ainer für Branenstein — — —, den wolt mangolt nit einlassen vnd sprach, er het seinen knechten bey den tewrn wein vil vnd offt das sein vmbsonnst geben vnd sie aus vnd eingelassen, der knecht was Wilhelm pruder. Item da sie geen Onspach sind geritten, haben sie nacht zill herberig gehalten zu Offenheym bey dem Geyer Im Schlos gelegen.

Item Conntz von Rosennburg ist drey Raisz zum Brandenstain gewesen mit vier pferden vnd mit fünff pferden. Philipp Geyer, ist des geyers sone zu Offenhaim, der ist mit Contz von Rosennberg da gewesen vnd allain da gewesen wol vier wochen. Da Franckfurter mesz aus gieng, Ritt Wolffganng von Nissika vnd Cristoff von Nissika weck, vnd Marsily Riet vor In wegk mit vier pferden vnd kamen In acht tagen nacheinannder all wider. Item philipp Geyer hat mir offt gesagt, wann Ich sein gefanngner wer, so must Ich In eim stock liegen vnnd ein daumenstock an hennden haben. Er fragt mich: „hat dirs Fritz Zobel gesagt, dich gelernt?" Sagt Ich „Nayn". Conntz von Rosennburg sprach: „Ich will dem Zobel sein dorff verprennen, ein petler aus Im machen!" Item ein knecht, haist Pangratz, ist von than, ist ein schultais, drey meil von full, der knecht ist offt zum Brandenstain gewesen, am nechsten im faschung, schrieb er viel brieff ab. Auff dem schloss da helt man auch gefanngen vnd schetzt sie, Mangolts knecht vnd gesellen Reyten da aus vnd ein. Item ein Schlos, haist Eisina, ligt drey oder vier meyl von full, dauon kam ein Junge fraw, der erbuet man grosse ere vnd schickt geen steckelberg nach der frauen, dj warn Ir freundt (:Mangold's Schwester Ottilie:). Die fraw von Eisina da von hort Ich, das sie sagt zum Wilhelm fus: „Ir seyt mein gast gewesen!" Sagt Wilhelm fus: „fraw, Ich waysz woll, Ich wil pald mer ewer gast sein!" Die fraw was iij tag zum Eberstain (:Brandenstein gemeint:), das schlos (:Eisina) halt Ich auch für ein Raub haus. Item es kam in der vasten ein Junckfraw vnd ir bruder, das schlos heist haun oder hon oder dergleichen, ligt ein meil oder anderhalben von fuld, kam ir bruder ab vnd zu geritten, dieweil sie da was. Die Junckfraw plib da bis graf **Jorg von wertheim** fürs schlos kam, da hielten zwen Reuter vnterm schlos bey der müle. Sagt mangolt seiner frawen vnd der Junckfrawen, sie sollen zue den Reutern ziehen, horn, was sie wolten. Zugen fraw und Junckfraw mit einander hinab vnd reten mit den zweyen Reutern. Also kam die Junckfraw wider vnd sagt dem mangoldt, sie begerten, das Cristoff Nissika hinab ritt zu In. Kam herwider, was sie Im sagten, weis ich nit. Das merck ich wol, das Im mangolt, seine mitreuter nit mer so hart forchten. Die Junckfraw trost mich seer dorauff vnd sagt, es würdet alles guet, sie het eym schon veindt handt botten, sie sagt mir: „wolt got, das ir In meins vatters sehlos weret, da wert Ir sicher". Alls ich verston, wer Ich in Irs vatters schlos alls wol gehalten vmb schatzung, alls zum Brandenstein. Item alls die Junckfraw kam zum Brandenstein, sagt sie, es weren zwen Reisig knecht zue fuld gefangen, legen in eym stock, hat ir vatter ein knecht gen fuld geschick vnd fragen lassen, warumb man sie gefangen hett oder wie man Im helffen mocht. Der knecht hett begert zue dem gefangen, da hat man In nit zue Im lassen wollen. Die gefanngen zwen Reuter haben auff der strasz geraubt, sein darob gefangen worden. Dj zwen rauber sind offt zum brandenstain gewest sagen dj edelleut.

Item nachdem mangolt von eberstein ein bescheid hett von den zweyen Reutern bey der mül, darauff schickt er ein dirn zum steckelberg, die kam herwider, pracht mit Ir dj Junckfraw. Vnnd die Junckfraw vom Steckelberg die prachten potschafft, das man mich gen steckelberg solt füren. Darauff sagten mir die Edelleut: „man wurd dich heint weg füren, wisz, das du dich redlich haltest, woe nit, so wurdest du erstochen werden". Item gleich alls man das liecht wolt auffzünden, es was noch tag aber tunckel, ritten die edelleut dauon mit 5 pferden, mit namen Reinhart vnd Cristoff bruder von nissigkenn, mangolt von eberstein, Wilhelm fuss vnd der bueb (vgl. S. 7). Es kam der frawen pald potschafft, sie weren schon zum steckelperg. Item drey stund in nacht bannd mir der keller ein knebell Ins maul vnd füret mich aus dem schlos hinterm stadel vber den berg ab. Sie sagten mir Im schlos, wann ich schrie, wenig oder vil, so wolten sie die spies in mich stechen. Die mirs zusagten: ein baur vnd reschhaber vnd der eseltreiber, der beck, die vier giengen mit mir. Alls wir vber den berg abzugen, kamen zwen reuter nahend zue vns, es was ein stigler berg, konten mich zue rosz nit ereylen, wann sie aber zu fus wern gewesen, so hetten wir Ine nit entgeen mügen. Da der eseltreiber vnd beck sahen, das ich hie dangefürt was, kerten sie wider Ins schlos vnd prachten die mere der frawen, wie der gefangen wer dauon pracht zue Elm In dorf negst bey dem brandenstein, bracht reschhaber zwen baurn, das ir 4 wern, fürten mich dj nacht. Zwo stund auff dem pfintztag morgen (:Donnerstag 17. April:) kamen wir in ein graben nahennd bey dem steckelberg, gieng Reschhaber Ins schlos zum steckelberg vnnd der ein baur mit Im plib sein sthan, ob Reschhaber Ins schlos kem, da sach er hin Ein, die pawrn flohen vnd merckt, das Sy sich zum Steckelberg forchten. Ettlich paurn fürten hinausz, ettlich hinein, das er sorg hett, Reschaber kem nit heraus. Redt Ich Souil mit In, das Sy mich zw einem dorff fürten zw Mangolten Amptman. Da Ich nur vber ein wissen zum dorff hett, brachten die paurn den Amptman herausz, der pracht prot, wein, wollt, Ich sollt das essen. Ich was kranck, batt Sy, mich in ain Stuben zufüren. Fürten Sy mich ausserhalb des dorffs zw eim haws, was der ambtman, zwen paurn woll hintten, was nur ain paur bey mir, Risz Ich mich von Im, lieff mitten Insz torff vnd Rufft vmb Recht an mit vil worten, das vill paurn vnd pewrin zw luffen. Mangolts amptman bat, wölcher Mangolt von Eberstein zw körtt, der solt mich angreiffen. Fürten Sy mich an holtz, lag wir so lang das Reschhaber kam. Sagt zw den pawrn, Er wer pey Mangolt gewest, het Im befolhen, solten drey tag mit mir beym steckelberg Im wald Still gelegen sein. Darbey verstund Ich woll, das Mangolt zum Steckelperg was vnd Schlug rät mit dem Ambtman. Fürtten Sy mich in ein ander dorff, lag Ich die nacht. Zw morgens frwe giengen die vier paurn al weck, befulhen mich ander vier paurn, warn In dem dorff daheim, fürten mich an ein grossen wald.

Item graff Jorg kam pald nach mir In das dorff, darein Ich geloffen was an dem pfintztag. Hat er nach dem gefangen gefragt vnd den paurn troedt mit anzünten. Hat seiner knecht einer des Amptmans hausz anzünd, darein was Ich geloffen. Darauff hetten sy Im von dem gefangen gesagt, er wer gefürt an ein holtz.

Item an der Pfintztag nacht fürten Sy mich Ins dorff gen Oberkalba. Am karfreitag morgen (18. April) fürten Sy mich ans holtz. Da kam graff Jorg gen Oberkalbach vnd sucht den gefanngen. Also ward Im antzeigt, er sollt woll gefunden werden, Er wer ans holtz gefuert worden. Pütt der graff den paurn, Sy sollten morgen frwe komen gen Brandenstain, do globen schwern, wölcher nit kem, der must verlirn alles, das er hett.

Item diewiel Ich Im wald was am freitag, Sagen mir die paurn, So mein hütteten, Sy hetten zw pottschafft, Mangolt von Eberstein befül In, Sy solten mein hütten auff sein weitter befelh, sein hawszfraw (?) befülh in, Sy solten mich füren gen Steckelperg.

Item am Sambstag (19. A.), als die paurn dem graffen gelobt hetten, zug graff Jorg mit den paurn ansz holtz vnd suchten mich. Da fand mich mein gnediger herr graff Jorg Im holtz.

Item Odthaimerin gieng ausz dem Schlosz weck, alszpald der graff für das Schlosz komen Ist. Sy gieng mit Irer tochter an ein wald. Item drey tag vor ehe als der graff für das schlos kam, sagt mir die Odtheimerin, itzt nach Ostern wollt Wilhelm fusz Ir aber absagen vnd zwen edelman mit

Im; was Sy vor than hetten, wer nichts, Sy wurden erst recht angreiffen vnd prennen. Item Odtheimerin Sagt mir vmb mitfassten, Sy het ein procurator doctor hie zw Nürmberg, der hett Ir geschriben, Sy prechts also nymmer mer zw keinem vertrag, Sy musten ernstlicher hanndeln. Das wollt Sy thon. Item Im ..... hat Mangolt sein Puben hie gehabt, hat brief her gen Nürmberg pracht, nitt woltten Sy sagen, an wen er die prieff bracht hett. Aber Mangolt sprach offt zw den andern Reuttern: „mein Pub hats woll auszgericht". Ich lasz mich bedundken, er hab pracht die ober pottschafft.

Item Sy haben mir Ins prot was thun, das Ich mit Inen Im Schlaff haben reden müssen. Sy habensz lang triben ein wochen oder Sechs, nachdem alsz Sy von Anspach komen synd.

Item Reinhard vnd Cristoff haben zusamen gesagtt: „der knecht vnd sein herr sagen gar vngeleich ding", Sy hiessen den Hanns Kuen mein knecht, „der herr will vns gar verdreyben, als den von Würtenberg, also will er vns auch vertreyben".

Ich dacht woll offt, wan man solche Rauberei wern will, So müsst man In alle Raubschlösser nemen, vnd dachte, wie man Sy vertrib. Das Sy mirs sagten, kund Ich nit wissen, wie Sy es von mir wissen möchten. Darauff dacht Ich Im nach vnd fandt, wan Ich mich schlaffen legt, das mir der kopff sawst, alspald er mir erwarmtt. Also nam Ich ein holtz in mundt vnd wacht, fand ich, das die zwen von Nissicka offt ein gantze Nacht vngeschlaffen lagen vnd wartten, wan Ich schlieff. Ain mal redeten sy zu mir, Sprachen: „was hastu gestoln, das dw nit heim darffts?" Redet Ich, Sprach: „vnnser ellj edellewt haben gesagt, ich het 16 tausent gulden, darumb wollen Sy mich verderben". Damit wacht Ich auff, das waisz Ich woll, das Ich es geredt. Item Ich vnnd Reinhard giengen Spat schlaffen, ich must mit Im Spiln, dartzw liehen Sy mir gellt aber kundschafft gieng alle nacht frwe schlaffen. Alls Ich vnd Reinhard schlaffen giengen, Sagt Reinhard zum Cristoff: „hast dw das thun?" sagt Cristoff: „Ja, Ich habs Im prait auff alle örter". Also legt Ich mich Ins peth vnd verstund woll, dasz Sy mirs meint. Nam ich ein holtz In Mund, alls Ich entschlieff. Da hub es mich Im leib auff, das Ich must reden, Schrey Ich: „Jesus Maria!" wacht damit auff. Darnach legt Ich annder Nacht mein Wolffspeltz vnder mein kopff. Dribens woll ein Sechs wochen an einander. Hans Kuen der nent sich mein knecht, aber Ich hab In nie gedienget noch nichts zugesagt, darumb hät zw Nürmberg ain vngunst .... mit gehapt, das Ich Im zugesagt, Ich dörfft keins knechts, sollt sich versehen, wo er wollt, vnd mir das mein geben, ist mir 85 fl. schuldig. Ich sagt Im offt: „mir thut der kopff wee, ich wais nit, wasz Im pöt ist!" lacht er alwegen vnd sagt: „man thut euch vileucht ein schalckheit".

Item hans Kün Saget mir, der Nürmberger sollner wern neun gewesen vnd der edellewt syben vnd hetten einander geschlagen In aim dorff nit weitt von Pamberg, sagt Ich: „wer sagts dir?" Da sagt er, ein frembder Reutter pub het Ins Im stall gesagt, das weisz Ich nit, sy hetten selbs aneinander geschlagen zum Zeitlosz. Der Hanns Kün für vnd für mit solchen mern —, wolt also hörn, was Ich dartzu sagt, das sagt er in mer. Sagt er mir, Sy hetten In dem stall verpotten. Vber drey tag darnach sach Ich In aus dem Stal geen vnd den Reinhard darnach Ime. Item eins malls patt Ich den Hans, er sollt nichts mit mir reden, das die edellewt antreff oder die gefangknusz, was er zörnig. Vber zwo Stund kam dj fraw vnd sagt dem Mangolt, das Ichs hörd: „schaw! der gefangen hat sein knecht verpotten, sol mit Im nitt röden", vnd sy . . . . sy vasst. Item In den ersten zehenn tagen kam Hanns Kün, pracht mir ein prieff, wollt, Ich solltt In lesen, Stont mangolt von eberstain nam auf, wie ich den brief onsach, gieng er wegk, Ich Im pald nach, gab Im den brief wider, ich glaub, sie hetten Im beuolhen. Item Im bad war ich vnd Hans vnd der bader, da fragt Hans den bader, wie der edelman hies vnd das schlos. Der bader gab gueten bescheid, dacht, er wer mein knecht, Ich fragt den bader, ob mer schlosser hie vmb weren, darjnn man gefangen leut hielt, sagt der bader: „Ja, es ist eins sechs meil von hynnen, da halt man auch Innen, aber ich wolt nit vil nemen, das ein Juncker horin kem, ich bin ein armer gesell, wann ich 10 fl. het, ich wolt mich mein lebtag der leut neren". Darnach wann der bader kam . . . . sy was . . . vnd ich heist das der Juncker der Wilhelm beuelh vnd . . dem klaus, sie solten sehen, das ich mit dem bader nit redt. Darauff flohe ich den bader, wann er da was. Also hetten der bader gemerckt vnd das Im Wilhelm fusz wertt drawet, da ward er dem Hansen veyndt vnd Hans ward vber den bader clagen, er wolt In nit zwahen, vnd wann er Ine zwieg, thet er Im aschen auff den kopff vnd macht Im den kopff mit vnsawber. Auf das sagt ich dem bader, wie der Hanns vber Ine clagt, sagt, er hett nit weil, mit Ime vmbzugeen, sagt ich: „last euch der mue nit verdrieszen, ich will euch lonen." Sagt er: „will euch gern baden, mit Im hats ein andern syn." Der bader ist zue schlüchtern, hat kein pad, geet auf die schlosser, heist hans, ist dirs (?) kleinsz mensch. Item auf das vnd anders bat ich graf Jorg, er solt hans kuen fencklich halten, er wer wol alls schuldig, alls der annder gefanngen einer, vnd sagt Ime das in beywesen Hansen kuen, er laugnet seer, kan wol laugnen, wan man sich daran keren will.

Item ein wollweber zue schlüchtern hat ein frawen, ist ein schwebin. Der mollweber vnd sein hausfraw assen zum brandenstein am . . . . tag, Sagt der weber, wie er offt zue Franckfurt were, dacht ich, es mus ein kuntschaffter sein, das man In daher last. Ich fragt sein frawen in der kamer, was ir man hanndelt, das er geim Franckfurt zug, sagt sein fraw, er wer ein wolweber, er leg in eym bad darneben warn vil weiber, sagt: „nein, ich bin ein ferber." Darauff schwig ich. Item alls ich ledig ward, fürt mich der graff gen schlüchtern. Da fragt mich die wirtin, ob ich nit den wollweber gesehen hett, der vnd sein fraw hetten mit mir gessen in der vastnacht, sagt ich: „hab wol mit Ine gessen, aber seidher hab ich Ine nit gesehen." Sagt die wirtin: „er ist hie weg, alspald der graff Ins land kumen ist, vnd ist die sag hie gewesen, er wer mit euch vnd er hett euch Im wald vmbgefürt." Sagt ich: „nain."

Item vor mitter vasten ist schulmeister vom stain aus der stat auff dem brandenstein gewesen, vnd alls ich verstanden, hab sy In daher pracht, das er ein verschreibung copirt hat, wie ich mich den edelleuten soll verschreiben. Der schreiber sahe mich gar vleissig an oft, als Ich vermerckt, so haben sie In auff andern schlossen auch praucht zu solichen sachen. Er ist Statschreiber, auch er ist listig. Ich hab In ein mal gefragt, von wann er sey, hat er ein annder Stat genennt. Item der Schulmaister vom Stain hat das schreiben auch copirt, so Ich Conntz von Rosenburg geben vnnd dem bischoff geschickt hab, als er mirs lasz vnd lesen wolt, sagt er Im wa.. Ir vmb alle gefanngen vnd er wolt mir treulich Ratten vnd sagen, wo er dien konnt, vnd er wolt mich nur erfaren, was Ich willen wer, das ers Im west zusagen. Er hub offt an, dieweil er mirs lasz vnd Ichs schrieb, warn wir allain beyeinannder In der hindern stuben, Er ist warlich Irs tails gar.

Item nach mitfasten sasz Ich Im vennster In der stuben, hort Ich, das Cristoff von Nissika sagt, geyer vnd krackter thain vnnd Recht, das sie also liegen zu schlüchtern, wann der geen Nürmberg kompt, so sagt er Ins, wann sie drey offt darauff legen, so mogen sie vnns da auffhaben. Sagt die **fraw von prannenstain**: „sein knecht hat zu mir gesprochen, wans sein herr west, das er mir also vil von Im sagt, O, wie wurd er mich reyssen lassen!" Darauff lacht Renhart vnd sprach: er ist ein vosz gewesen". Darauff sagt **Mangolt**: „es ist ein argenlistiger man". Sasz ein frembder vor am tisch, der, sprach er, horts, als er sitzt Im venster. Darauff sagt **Mangolt**: „da schlag der teuffel zu! Er musz noch wol annders horen". Item pald darnach kam Hanns zu mir In die hinderstuben vnd Redt vnd sag (sic) mich an, ob Ichs gehort hett, thet Ich gleich als het Ichs nit gehort. Auff die nacht, als Ich mich nyder legt, leucht er mir, da legt Ich mein gewandt vnnder das küsz, Aber mich deucht, Ich schmeckt aber Ire kreuter. In der vinster nam Ich mein gewanndt vnnder dem küss vnd legt es oben auffs küss vnd den kopff darauff. Als Ich schlieff, kam ains vnnd griff auff, wo Ich lag, Ich entwacht vnd fragt: „wer da?" da giengs wegk In dj vorder stuben. Ich glaub, es wer Hanns kommen. Item den anndern tag gieng Ich zu der hindern stuben, als ich zu der thür kam, Redet dj fraw laut: „er wirt mir nit also hinaus wüschen, sein knecht hat mir gesagt, er vermüg 2000 fl.", vnnd do Ich das hort, gieng Ich wider hindersich.

Item als Ich erst geen Prandenstain kam, fragt **Mangolt von Eberstain**, wo **Conntz von Rosenburg** wer. Sagten dj Reuter, sie hetten Im nit nachgefragt. Sagt **Mangolt**: „er ist vnnser aller vater!"

Item **Dietrich Beheim** zu Nartzel ist offt zum Brandenstain gewesen, Ich halt, das er aller sach mit hab gehabt. Er hat den knecht Jorgen stets zu Narzel gehalten. Der knecht Riet ein apffelgrabs geulein mit einem lanngen schwanntz vnnd fürt ein schürtz, huet, kappen, hosen. Der Rock was verkert. Ich glaub nit anndersz, dann er sey der, der zu Bamberg für mich eylt. Zum Prandenstain sach Ich In einmal Reyten, alspald Ich das pferd ansahe, hielt Ichs darfür vnd In auch. Ich halt, der wyrt hab In hernach geschickt.

Item **Hanns Jorg von Deiningen** ist ein nacht zum Prandenstein gewesen, man hat mich In nit laszen sehen. Item **Fritz von Deiningen** hat mer allsz einmal seine knecht mit 4 pferden dargehapt, Ist allweg **Marsili** mit komen, esz stand darauf, das sy mich solten weg füren.

Esz send In stets vil brief komen von **Onoltzpach** vnd von **Wirtzburg**, das Ich wol an Inen gemerckt habe, das Ich In den brieffen offt komen bin. Was der prieff warn, schuben sy In puszen. In wurd vil geschryben, sy sollten mich da nit halten, vnd ward In ein pot von Wirtzburg von herr **Mart von Nisikus**. Item herr Mart von Nisikus ist ein priester zu Wirtzburg, Ist der ander pruder, der hat vmb all Ir sach gut wiszen, man hat Im stets brief zugeschickt vnd er herwider von Im vnd von Andern. Sein

Rat Ist auch gewesen, man sollt mich da nit laszen. Item Marsili soll ein pruder haben zu wirtzburg, ein prister, der hat mermaln ein aigen potten zum prandenstein gehapt. Item die von Nisicus haben Ir muter zu Onoltzbach alls sy sagen bey der Marggräfin, Ist hofmaisterin, hat ein pruder zu Onoltzbach, sol ein Rat sein bey dem Marggrafen. Die Fraw hat vil grosz brief zum Brandenstein geschickt Iren Sonen, sind von Onoltzbach geschickt worden gen würtzburg an Herr Martin, herr Mart hat sy geschickt zum Brandenstein furter.

Item ein Schwartzer knecht, haist hertzog, der ist mit dem Fritzen von Awerbach gen Brandenstein gewesen. Der knecht hertzog het ein entsetzung ab mir, zug pald wegk.

Item Reinhart von Nisikus sagt seinem pruder wolffganng, das er In vier gegent schloszer het, das er ausz vnd ein Ritt: Im Franckenlanndt, auff dem Ottenwald, In Döring vnd In der pieche. Er sagt, das er vil auff Ritt auff den Reussenberg vnd auff Bockszperg. Von den 2 schloszern vnd von genötzke Ritten sy vil.

Item Hanns Kürn ging In stall vnd stund auff die stigen, sahe alle Ir pferd. Mir wasz verpotten stal vnd die stigen, da man sehen mocht pferdt auszen wasser zufüren. Ich sprach offt: „du wirst In vngelück komen", aber er het sein beschaidt, forcht Im nit. Item zu Mitteruasten sagten mir die Edelleut, Ich sollt mein knecht schicken gen Preszlaw vnd Posen, wollt er verkauffen zu gelt machen, was Ich da het, das wolt er gen Brandenstein pringen vnd In an der schatzung geben. Sagt Ich: „er Ist mein knecht nit, Ich traw Im nit, wann er was einnem, Er geb mir noch euch nichts". Allso prachten sy In zu mir In die stuben, Sagt er wer mein knecht, sagt Ich: „nein, Ich hab dich nye auffgenomen". Da sagt er, wer einer warheit allsz gleich alls Ich. Sagt die Edelleut — er sich Redlicher gehalten alls Ich, vnd hieszen mich still schweygen. Ich schwig. Da er vil lug sagt, sagt Ich: „hof, sey dein gefangen nit, mus Ich aber dein gefanngen sein, musz Ich tun, was du willt". Da hiessen Sy In hinaws geen vnd gienngen ettlich mit Im, kamen wider, Sagen, wie er sich ratlich hielt vnd Sy wollten Im den brief vnd Sigl geben. Vnd Er sagt In, er wer guter lewt, hett ain Reiche muter, vnd wie er sagt, Ich kennt sein muter wol, vnd sagten, Er erpewt sich, Er wollt mir zu Posen purgschafft tun Jenen, so Im mein gut anntwurtten. Sagt Ich: „Nain! Ich traw Im, noch seinen purgen nichts". Item da Hanns horet, das Ich laidig, was mirs graf knecht sagten, Sprach Er: „O, des hab Ich lanng begert"! tett sam wer Er sein fraw, was mit beiden hennden Ins har gefallen. Aber Ich hiellt darauff Er wer also erkennen wann er waist Iren willen. Item, da der Graf des Schlos erst hett eingenomen, hett er in gefragt, wo der gefanngen wer, hett Er gesagt, Er wisst nit, der kellner der mochts wissen. Aber da man mich wegk fürt, Sagt Er mir, 20 mann werden mich zum Seckelberg (sic) füren. Item die Fraw hat Im beuolhen, am pfintztag (:Donnerstag 17. April:) aws dem Schloss geen, vnd Im beuolhen, er soll nadl vnd faden mit Im tragen vnd soll Sagen, Er wer ain schneider vom Stein. Als Ich horet, hat Er sich am ersten also genennt. Item Manngolts fraw Ist mir gar veind von wegen Ires vettern Conntz von Rosenberg. Hanns kun ist offt zu mir kumen, mir gesagt, die fraw sey mir gar günstig, hab Ich geschwigen.

XLIV.

Alls aber Mangolt von Eberstain seins Schlosz Brandenstain also obgemelt entsetzt, Ist er nachmals zu Frantzen von Sickingen komen, demselbigen In seiner Mutwilligen vehd wider den Ertzbischoff von Trier hilff vnd beystanndt gethan, vnd nachmals In demselben fürnemen vor sandt Wenndl, einer Statt, erschoszen worden. Alls aber, wie gemelt, Manngolt von Eberstain vor Sandt Wenndl erschoszen, Ist nachmals sein Bruder vor dem loblichen kaiserlichen Regiment, damals zu Nürmberg gehaltten, Erschinnen, Graue Jorgen von Werthaim verclagt vmb widerumb zustellung des Schlosz Brandenstain sambt seiner zugehör Inn Ansehung des, das er Mangolts Bruder vff absterben deszelben Negster erbe seye. Ime ist aber von dem Regiment sein begern Inn ansehung, das sein Bruder vber des Reichs landtfriden seiner pösen, Mutwilligen vehd vnd handlung nit abgestanden, abgeschlagen. Derhalb er on endts abgeschiden.

Wie wenig Mangold's Bruder: **Philipp**, sich hierbei beruhigt hat, beweist, dass er sofort den Grafen Georg v. Wertheim nebst einem Theile der Einwohner von Elm gefangen nahm und auch die seinem Bruder 1519 abgenommenen fuldischen Lehengüter zu Eckweisbach beanspruchte. Nachdem 1523 ein Vergleich geschlossen und in Folge eines 24. Mai 1527 abgeschlossenen Vertrags erhielt dann auch Philipp v. Eberstein 7. Juni 1527 das Schloss Brandenstein zu Mannlehen (:s. S. 532, Nr. 421 u. S. 76 meiner oben angef. Schrift:). Ebenso setzte er sich auch in den Besitz von Eckweisbach nebst Zubehör.

XLV.

1529, Oct. 15. Der Rath zu Nürnberg schreibt an Johann Nordeck wegen des Handels mit der Odheimerin und deren Schwiegersohne Georg Dietzel:

Vnnser willig freuntlich Dienst zuuor etc. Vnns ist durch herrn Andressen Osiandern euer schreiben etc. vberanntwurt etc., vnnd sind euch etc. auch der warnung, so jr vnns Georgen Dieczels halben gethan habt etc., jn vleysz dannckbar etc. Wie nun dise vorderung gegen vnnsern freunden von Agatha Odhaimerin, des Dieczels Schwiger, vnd jren helffern vnnd ennthaltern jren vrsprung genomen hat, werdet jr ausz junlignender schryfftlicher vnnderrichtung, die vnnsere herrn, ain Erber Rathe, dem kayserlichen Regiment jm nechstuerschinen 1521 Jar vberanntwurt haben, vernemen vnnd euch daraus onzweyfennlich zu berichten haben, was scheins die Odhaymerin vnnd jre gehilffen, auch yetzo jr Tochterman Jörg Dietzel, der vnnsers achtens mer ausz ainer hoffnung grosses gewynns vnd schatznng, So er diser sachen halben ausz vnnsern freunden zupringen vermaint hat, dann von annderer Cristennlicher vrsachen wegen der Odhaymerin dochter geelicht, ymmer haben müge. Dann das ist die offentlich warhait vnnd layder kain widersprechen, das die Odhaimerin vnnd Jörg Ditzel, jr dochterman etc., jr Clag allain zu sonndern per-

sonen, vnnsern burgern vnnd verwanndten, die jnen vyl tausenndt guldein
zuthun vnnd schuldig sein, auch sonnst gegen jnen gewaltigklich gehanndelt
haben solten, vnd nit gegen ainem Rathe vnnsern herrn gestellt, Mit was
rechtmessigem pillichem scheyn werden dann vnnsere herrn vnnd freund ain
Erber Rathe alls das Comun, die diser sachen für sich selbs nye zuthun ge-
habt etc, für die, so Dietzeln derhalben verpflicht sein sollen, angezogen, die-
weyl doch vnnsere freundt sich yedes mals erpotten haben, das sy der Odhay-
merin etc. zu gedachtenn beclagten vnnd beschuldigten personen, jren Burgern,
oder derselben erben furderlich ordennlich recht ergeen lassen vnnd jnen, was sy
mit recht zu jnen erlanngen, mit dem schleunigsten verhelffen wöllen. Zu dem so
hat das kayserlich Regiment disen hanndel, auch die Odhaymerin mut-
willige, vngegründte vehd vnnd gewalthaten so vngeschickt erfunden, das sy die
Odhaimerin vnnd **Mangolten von Eberstain**, jren helffer vnnd
ennthalter, jnn die acht offennlich erkannt, vnnd dem wolgebor-
nen vnnserm gnedigen herrn Graf **Georgen von Werthaim**
beuelh geben haben, diesenn **Mangolten** zu vberziehen, wie er
dann gethan, sein Schlosz **Branndenstain** erobert, die ge-
fanngen, so er darynn funden, erledigt, vnnd den **von Eber-
stain** verjagt hat. Vnd als nun die Ödhaimerin mit tod abganngen ist,
hat Dietzel jr dochter geelicht vnd sich ainen erben vnnd mitthäter dieser
vngeschickten vorderungen vnd daraus geuolgten gewalthaten vnnd Acht ge-
macht, Auch an Dietmar von Honstayn geschlagen, der sich vnnder ainem
scheyn vermaintter geuatterschafft Dietzels vnnd seines weybs angenomen vnd
vnnsern freunden etwas bedröelich geschryben hat, vnnd mag sein, das Dietzel
vyl grosses erpietens für vyl Churfürsten, Fürsten vnnd stennde des Reychs
gethan, mit dem er jme auch den gröszten glympff zu schöpffen vnnd des pauren
geschray zu erhalten vermaint, Aber sollich erbietten jst allain dahin gestellt,
das vnnsere freundt gegen Dietzeln güetliche verhöre fürkomen vnnd vnnder-
hanndlung solten annemen, Das haben aber vnnsere herrn ain Erber Rathe
darumb für beschwerlich vnd annderer muthwilliger anuorderer halben für
nachtaylich bewegen, das sy jre potschafften mit grossem Costen hin vnd wi-
der schicken vnd jn der güetlichen hanndlung nichtzit annders gewartten sol-
ten, dann das bey jnen auff vyl abtrags vnd gelts geben, durch die güetlichen
vnnderhenndler sonnders zweyfels gearbait das jnen aber zu bewilligen mit
nichten thunlich sein wurde, dann sollten vnnsere freundt vber das sy wie ge-
melt diser sachen weder verwanndten oder partheyen seyen, darzu vber jr ma-
nigfaltig erbietten, auch vngeachtet, das sy von der Odhaimerin vnd jren
helffern muetwilligklich beuehd vnd beschedigt worden seyen, darzu vermögt
oder jnen zum höchsten angehalten werden, sich mit Dietzeln zu uertragen,
das were ain sollicher vnträglicher laszt vnnd beschwerlicher eingang gegen
anndern mutwillern, wie jr für euch selbs nit schwer habt zu bedencken vnnd
wiewol vnnsere freundt für sich selbs auff etliche des heyligen Reychs Stet
des rechtlichen ausztrags halben gefreyt sein vnnd darumb wol vrsach hetten
gehabt, auff demselben Rechtgepot oder dem kayserlichen Camergericht, dahin
sy das ordennlich gehörn, zu beharren, haben sy sich doch desselben Recht-
gepots gegen Dietzeln begeben, vnnd jme güetlicher verhör vor den Stenn-

den des punds oder Rechtlichs ausztrags vor den gemainen dreyen pundts Richtern zu sein erpotten, das were ye vor zeitten mer dan gnug gewest etc. Gleych wol haben gemaine Bundtsstende, alls dieser hanndel hieuor an sy gelanngt, vnnserm gnedigsten herrn, dem Cardinal vnnd Ertzbischofe zw Menntz Churfürsten etc., jnn dess Fürstenthumb Dietmar von Honstain gesessen ist, ernnstlich geschryben vnd souil gehanndelt, das sein Churfürstlich gnaden bey dem von Honstayn verfügt hat, sich dieses Dietzels genntzlich zuenntschlagen, wie dann beschehen ist, vnnd wie wir glaublich bericht werden, so enntheIt sich gedachter Jörg Dietzel yetzo jm fürstenthumb hessen vnnd villeicht bey krafften von Bodenhausen, Darumb ist an euch vnnser vnd vnnser freundte ganntz freuntlich bitt, wo jr diser hanndlung vnnd Dietzels anuorderung rede hörn wurdet, jr wöllet dieselben vnnsere herrn mit grundt der warhait wie es an jme selbs ist guetwillig enntschuldigen vnd bey vnnserm gnedigen herrn Lanndtgraf philipsen von hessen ain getrewer fürderer sein, das Jörg Dietzel mit gelubden verstrickt werde, das er gegen vnnsern herrn vnnd freunden, auch den jren, ausserhalb freuntlichs rechtens, nichtzit fürnemen wölle, wie auch sein fürstlich gnaden alls der Lanndtsfürst auff Dietzels abclag vnnd bedroung vermög gemains Lanndtfridens vnnd Bündtischer ordnung zu thun schuldig ist, Das werden vnnsere freunde mitt willen vmb euch verdienen, Darzu wir vnns für vnnser person gleicher weysz willig erbietten, Datum freytags den 15 Octobris Anno domini etc. 1529.

Hieronimus Ebner der ellter vnnd
Cristoff Kresz zu Nürmberg.

Dem Erbern und Achtparen Johannsen Nordeck, Secretarier etc., vnnserm lieben herrn vnd freunde.

Nürnberger Briefbuch Nr. 100, fol. 101b.

XLVI.

1543, April 6. Der Rath zu Nürmberg schreibt an Jörgen vom Eberstain zum Ginels.

Edler vnd vhester. Ewr schreiben vns ietzo fahr vnd vnsicherhait halben, der Ir euch aus ettlichen angezaigten ewrn vrsachen vor vns vnd den vnsern besorgen thut, haben wir mit beschlieszlicher ewrer pitth alles Inbalts vernommen, Vnd ob vns wol ewrn halben hieuor (:s. oben Nr. 7, S. 14:) allerlay mag angelangt sein, So wöllen wir doch dasselbig vf ewr gethan erpietten also vf Ihme selbst berhuen lassen, Also das ir euch vmb vergangne sachen, ob ir darjnnen wieder vns vnd die vnsern verdacht vnd verwandt gewesen, vor vns vnd den vnsern khainer gefahr vnd vnsicherhait besorgen dörfft, In guether zuuersicht, Ir werdet euch khünfftig zu der pillichhait zeweysen, dem auszgekhündten Lanndtfrieden vnd Reichsordnung gemesz zehalten wissen, Das wir euch vf solich ewr schreiben dienstlicher guether Maynung nit haben verhalten wöllen, Datum freytags 6. Aprilis Anno etc. 43.

Nürnberger Brief- oder Missiv-Bücher Nr. 129, f. 148.

So fremdartig das in vorstehenden Actenstücken sich aufrollende Bild des öffentlichen Rechtszustandes jener Zeit, gegenüber unseren fast bis in das Minutiöse fest geordneten, für uns sich wie von selbst verstehenden und zur Gewohnheit gewordenen staatlichen und socialen Verhältnissen, auf den ersten Eindruck hin uns auch erscheinen muss: so sind wir jedoch auch wieder vermöge der uns zu Gebote stehenden umfassenderen Ueberschau über den Entwickelungsgang, welchen die deutsche Nation genommen hat, wohl im Stande, jenen keineswegs in einer vorgezeichneten Bahn rationeller Entfaltung sich bewegenden Culturzuständen eine unbefangene und unpartheiische Beurtheilung angedeihen zu lassen. Aber auch nur erst durch derartige anschauliche Detail-Kenntnis des damaligen öffentlichen und privaten Lebens, wie sich dasselbe, einem Farrenkraut-Abdrucke in Kohlenflötzschichten gleich, in obigen und ähnlichen Documenten sprechend abzeichnet, verstehen wir jene an sich interessante und für den heutigen Stand der Entwickelung der gesammten Menschheit so folgenreiche Epoche in den Grundrichtungen ihrer Regungen und treibenden Kräfte. Ist auch wohl in Ulrich von Hutten, als dem Repräsentanten und der wahren Charakterfigur dieser Epoche, dessen unaustilgbarer Drang nach Erleuchtung und nach Erringung geistiger Unabhängigkeit — nicht für sich etwa nur, sondern für die gesammte Menschheit, für welche allein er forschte, „schrieb, ausgehen liess und verfocht, was der des Wahren sich bewusste Sinn nicht länger im Verborgenen lassen mag", ist der die höchsten menschlichen Ziele erstrebende Flug seines Geistes, sein „welthistorisches Pathos" unmittelbar wohl verständlich und legt er auch selbst durch seine Schriften dar, „was er als Mensch, als Privatcharakter sonst noch gewesen ist, wie Neigung und Beruf, Grösse und Schwachheit, Stoicismus und Lebenslust in ihm sich bekämpften, capitulirten und doch nicht ganz ins Reine kamen, dieses Ganze eines lebensvollen, liebenswürdigen, ächt menschlichen Naturells", welches den feingebildeten Erzbischof von Mainz nicht minder stark wie den biedern Franz v. Sickingen anzog: — so gewinnt seine Gestalt dennoch erst für uns volles Leben durch einen unmittelbaren Einblick in seine besondere Lebensstellung seinen nächsten Verwandten und Standesgenossen gegenüber. So erst wird uns ganz durchsichtig und klar, aus welcher natürlichen Unterlage sein fränkischer Muth und angestammter Freisinn, die Ausgelassenheit seines Talentes, sein jugendlicher, oft über das Ziel hinausschiessender Ungestüm hervorkeimt. Und wie brauste das Gähren der seine Zeit bewegenden Interessen in ihm auf! wie schäumte es fast über! mit welcher Lauterkeit aber auch arbeitete sich dasselbe in ihm empor zu der bereits nicht bloss in Vorahndung durchblickenden, sondern in Klarheit als die neue Weltmacht erkannten Weltanschauung der freien Forschung! Wie führt er mit leidenschaftlichstem Hasse einerseits den erbittertsten Kampf gegen den von ihm nicht ohne starke rhetorische Uebertreibung als Auswurf der

Menschheit geschilderten Herzog Ulrich von Würtemberg, andererseits aber auch gegen die Kölner Dunkelmämmer und deren saubere Genossen! wie ist er in einseitigem Standesvorurtheile und zugleich in staatswirthschaftlichem Irrthume ein abgesagter Feind der Städte als der Brutstätten kleinlichen Krämergeistes, des Luxus und der Verweichlichung, der Verderbnis und des Abfalls von altdeutscher Sitte! wie sogar sucht er ihnen gegenüber das Fehdewesen und das Wegelagern des Ritterthums als einen „mannhaften Frevel" zu rechtfertigen! Wie aber sieht er später in unbefangener Würdigung der wirklichen Zustände die Städte „gewaltig sich zur Freiheit aufrichten und der schmählichen Knechtschaft sich schämen wie kein anderer Stand"; wie bezwingt er seinen anerzogenen Widerwillen durch bessere Erkenntnis dessen, was beiden Ständen frommt, und wie eifrig wirkt er für einen Bund beider „mit Beiseitesetzung früherer Zerwürfnisse und Feindseligkeiten"! Mit welch kühnem Freimuthe endlich deckt er, ein geschworener Feind aller Gleissnerei, dem Papste, dem Kaiser, den Fürsten, seinen Feinden wie seinen Gönnern und Freunden alle Schäden in Kirche und Staat auf, mit welch keckem Eifer wirft er sich zu ihrem Berather auf, wie eindringlich weist er sie auf den allein heilsamen Weg hin, mit welch männlichem, edlem Freisinne ist er ein Verfechter der Wahrheit, ein Mahner zum Besten, wie stachelt, wie spornt, wie reizt, wie drängt er zur Freiheit der Gesinnung, der Forschung, der That! Mit welcher Liebenswürdigkeit benutzt er in dieser Beziehung seinen Einfluss auf **Franz von Sickingen** zu ernster Unterweisung, und welch herrlicher Freundschaftsbund beider Männer blüht hieraus hervor — ein Bild welches Huttens ebenbürtigster Biograph so schön eines der schönsten in der deutschen Geschichte nennt!

Solch musterhaftem Freundschaftsverhältnisse entsprechend ist Huttens Stellung zu seiner **Mutter: Ottilie von Eberstein,** welche er, so oft er ihrer gedenkt — gegenüber dem Charakter des Vaters als eines „harten, verschlossenen Mannes, dessen starrsinniges Beharren auf dem einmal gefassten Vorsatze für den Sohn verhängnisvoll geworden" — „im Lichte zarter Weiblichkeit und Mütterlichkeit" erscheinen lässt:

Die Wahrheit ist von Neuem geborn,
Und hat der Btrug sein Schein verlorn.
Des sag Gott Jeder Lob und Ehr,
Und acht nit fürder Lügen mehr.
Ja, sag ich, Wahrheit war verdruckt,
Ist wieder nun herfür geruckt.
Des soll man billig gniessen lon,
Die dazu haben Arbeit gthon . . .
Ach, fromme Deutschen, halt ein Rath,
Da's nun so weit gegangen hat,
Dass nit geh wieder hinter sich.
Mit Treuen hab's gefördert ich,

Und begehr des weiter kein Geniess,
Dann, wo mir gschäh deshalb verdriess,
Dass man mit Hülf mich nit verlass;
So will ich auch geloben, dass
Von Wahrheit ich will nimmer lan,
Das soll mir bitten ab kein Mann,
Auch schafft, zu schrecken mich, kein Wehr,
Kein Bann, kein Acht, wie fast und sehr
Man mich damit zu schrecken meint;
Obwohl mein fromme Mutter weint,
Da ich die Sach hätt gfangen an:
Gott wöll sie trösten, es muss gahn;
Und sollt es brechen auch vorm End,
Wills Gott, so mags nit werden gwendt,
Darum will brauchen Füss und Händ.
Ich habs gewagt!

Gleicherweise aber wie aus seinen individuellen Beziehungen Huttens Gestalt in scharfen Contouren uns entgegen tritt, so heben sich auch erst im Contrast zu ihm wieder die Figuren seines Freundes Franz v. Sickingen nicht minder wie die seines in den vorliegenden Documenten die Hauptrolle spielenden Oheims Mangold v. Eberstein in voller Plasticität ab. — Verfocht Hutten die höchsten menschlichen Angelegenheiten freilich nicht allein mit seiner Feder, sondern zugleich mit seinem ungeduldigen Schwerte, so war es aber „keine Privatsache, die er betrieb, kein eigener Handel, kein persönliches Geschäft"; dagegen wirkten in seinem weniger schwärmerischen Freunde Sickingen, nach Straussens treffendem Ausdrucke, persönlicher Ehrgeiz, ritterlicher Standesgeist und frommer Eifer für die Reformation, deren Ideen er eingesogen hatte, recht menschlich durcheinander.

„Den ritterlichen Gestalten jener Zeit, einem Franz von Sickingen, Götz von Berlichingen und ihresgleichen, ist für uns, die wir in einem ganz andern Weltzustande leben, nicht leicht, in unserm Urtheile gerecht zu werden. Entweder wir nehmen sie zu hoch, oder zu niedrig. Ersteres begegnet uns insgemein, so lange wir nur Allgemeines und Unbestimmtes, Letzteres, wenn wir einmal das Einzelne von ihnen wissen. Denn der Wahn verschwindet in diesem Falle gründlich, als hätten jene Ritter ihr Schwert in der Regel zum Besten der Unterdrückten, aus uneigennütziger Liebe zu Recht und Freiheit, gezogen. Sie erscheinen nicht allein roh, sondern auch mit Berechnung eigennützig. An ihren Fehden empört uns nicht bloss die Unbarmherzigkeit, mit der Einer des Andern arme Leute plündert, ihre Dörfer anzündet, ihre Felder verwüstet; sondern fast mehr noch die Beobachtung, dass das alles wie ein Gewerbe betrieben wird, bei dem der Gewinn an Beute oder Lösegeld der Zweck, das Recht aber, die angebliche Beleidigung durch einen andern Edelmann, eine Stadt etc., meistens nur ein Vorwand ist, um die Bauern des Einen brandschatzen, die Kaufleute der Andern niederwerfen oder berauben zu können. Dies wird aus Götzens naiven Selbstbekenntnissen zum Greifen deutlich, und auch Franz von Sickingen, den man nicht mit Unrecht einen Götz in höherm Style genannt hat, war doch aus demselben Holze geschnitzt" (Strauss a. a. O. II. 73 ff.).

Aus diesem selben Holze in der That war unser Mangold von Eberstein geschnitzt, ohne dass indessen der höhere ideale Anflug, der Sickingen zu einer der interessantesten historischen Figuren adelt, irgend wie an ihm zu bemerken ist. Das Treiben dieses wie jenes war sonst „einfach das eines Ritters, der mit und wider seinesgleichen, neben und auf Kosten der städtischen und Fürstenmacht, wenn auch nach Umständen an die letztere gelehnt, sich emporzubringen sucht, dazu, ohne viel Bedenklichkeit über den Rechtspunkt, jeden tauglichen Vorwand ergreift, und seiner Ritterehre genügt zu haben glaubt, wenn er seinem Angriff einen ordentlichen Fehdebrief vorausgehen liess". Dies Treiben, wie es uns hier actenmässig vorliegt, motivirt zur Genüge das schon unter König Maximilian I. so tief empfundene Bedürfnis und das laute Verlangen nach einem einheitlichen und kräftigen „Reichsregimente". Wie ein solches zwar 1500 zu Nürnberg eingesetzt wurde, aber nur bis 1502 bestand: so konnte sich indessen auch das 1521 von Karl V. — nicht aus eigenem Antriebe, sondern mehr durch Zwang der Wahlcapitulation — wieder hergestellte leider nur bis 1531 behaupten und erlangte nie rechtes Ansehen, geschweige denn ausreichende und durchgreifende Gewalt. Man vergleiche nur in dieser Hinsicht folgende Aeusserungen:

der Kaiser, sein Bruder und der Bund wäre ein Ding . . . das! ist der Landfried, den der Kaiser zu Wurms gemacht hat . . . er wollt, dass er den Kaiser im Stock hätt (s. oben S. 44).

„Sein weiteres Absehen gehe darauf, ein besseres Recht in Deutschland zu machen, als das Regiment bisher gethan habe. Was die Aufforderung betreffe, seinen Handel (mit Trier) dem Kammergericht zu überlassen, so habe er ein Gericht um sich, das mit Reisigen besetzt sei, und mit Büchsen und Karthaunen distinguire" (:Sickingens Antwort an die das abmahnende Mandat des Reichsregiments in das Lager vor St. Wendel überbringenden Sendboten:).

Wenn der Ausgang von Mangold's Fehde im Gegentheil den Beweis von der dem Reichsregimente für die Durchführung seiner Entscheidungen und Befehle zu Gebote stehenden Macht zu liefern scheint, so ist zu bedenken, dass die Execution gegen jenen eine der ersten — und darum nachdrucksvolleren Thätigkeitsäusserungen des Reichsregiments war und dann auch, dass das Letztere seinen Sitz an dem Wohnorte der siegenden Parthei, des Nürnberger Rathes, hatte und so dessen Einflüssen unmittelbar zugänglich war.

Ebenso wie Sickingen, dessen Unternehmen gegen Trier freilich nicht lediglich darauf gerichtet war, „dem Worte Gottes die Thüre zu öffnen", doch mit gutem Gewissen in seiner Ansprache an seine Truppen und Verbündeten sagen konnte, wie sein Zug „nicht seine

Bereicherung an Gut oder Macht, deren er für einen Edeln vorhin genug besitze", zum Zweck habe: so war dies auch bei Mangold nicht der Fall. Denn wie aus der Aussage Stephan Geygers und Siegmund Heckels (s. S. 16) erhellt, scheint er es in der That auf den Schutz der nach seiner Ueberzeugung bedrängten Unschuld und zunächst nicht auf „Schatzung" abgesehen gehabt zu haben. Auch war er durch seinen für einen Reichsritter glänzenden Besitzstand (:vgl. meine Geschichte S. 515—528:) nicht gerade darauf angewiesen.

Nach den Streiflichtern zu urtheilen, welche durch mehre Stellen der uns vorliegenden Schriftstücke auf seinen persönlichen Charakter fallen, sticht er nicht nur vor einem Kunz v. Rosenberg, sondern selbst vor seiner eigenen Hausfrau Margarethe vortheilhaft ab, deren fast männliches Wesen das vollkommene Gegenbild ihrer Schwägerin Ottilie v. Hutten ist. — Mangold v. Eberstein war seinem Vater Philipp hinsichtlich des Charakters sicher nicht ganz unähnlich; dieser aber wurde ein freiwilliges Opfer seiner Pflichttreue:

Als er nämlich aus Anlass einer Fehde der Hutten und Thüngen gegen den Grafen Otto v. Henneberg, in welcher zuletzt die Henneberger die Bewohner des Jossgrundes überfallen und ihres Viehes beraubt hatten, das im Namen des Grafen v. Hanau aufgebotene Landvolk den Jossgrund hinunter geführt, die Feinde bis über die Sinn in das Thal der Saale verfolgt und bei Frankenborn die Hennebergsche Gränze erreicht hatte, mahnte er von einer weiteren Verfolgung ab: „Ihr Nachbarn", sagte er, „lasst uns nun umwenden, denn wir ziehen jetzt einem andern Herrn ins Land!" Aber die Bauern, die so wenig den Verlust des Ihren verschmerzen, als die Hoffnung, es wieder zu gewinnen, aufgeben konnten, riefen zürnend: „Nun muss es Gott erbarmen, dass wir von dem Unsern lassen sollen, der Adel will nicht vordrücken!" Als das Philipp hörte, rief er: „Nun wohlan und dran, einem Andern ist der Bauch so weich als mir, so will ich Leib und Leben bei euch wagen!" und liess den Adel vor das Fussvolk rücken. Die Henneberger, welche eine Höhle bei Frankenborn zum Hinterhalte benutzt, empfingen sie aber mit so wohl gerichteten Schüssen, dass dem Fussvolke der eben noch so kecke Muth bald entsank und es in der Flucht seine Rettung suchte. Philipp v. Eberstein erhielt einen Schuss in den Schenkel, an dessen Folgen er bald verschied.

Vervollständigen wir uns dadurch das Bild von Mangold, dass wir es mit dem seines Vaters zusammenhalten: so können wir uns eines immerhin Achtung gebietenden Eindrucks nicht erwehren von dem zwar straffen, dabei aber nicht rohen, vielmehr im Ganzen biederen Wesen dieses letzten „Landfriedensbrechers".

Für die Mühwaltung, welcher sich der Herr Archiv-Conservator Baader in Nürnberg bei Aufsuchung und Verschaffung vorstehender urkundl. Aufzeichnungen in meinem Interesse unterzogen hat, verfehle ich nicht, demselben hiermit meinen verbindlichsten Dank auszusprechen.

D. Herausg.

Anhang.

Die betreffenden Citate beziehen sich auf die entsprechenden Seitenzahlen, Nummern etc. meiner „Geschichte der Freiherren von Eberstein".

Seite 240, zu Nr. 90.

1231, Sept. 23. Die Urkunde findet sich seitdem auch gedruckt in Monumenta Boica, Vol. 37, pag. 245, Nr. 229 unter folgender Inhaltsangabe:

„Anno 1231., 23. Septembris, in curia Waltsahsen apud Heitingesvelt. Hermannus herbipolensis episcopus, causa, quae inter *Heinricum de Lura*, marscalcum ecclesiae herbipolensis ex una parte et **Botonem de Eberstein**, pueros ipsius Botonis et *Cunegundis* sororis dicti marscalci ex altera vertebatur, se mediante decisa, **Volgero de Eberstein** et fratribus eius officium marscalciae in feodum confert".

S. 240, zu Nr. 89.

1235, im Juni. Bischof Hermann von Würzburg bestätigt einen Kaufcontract zwischen Wernher Propst der Kirche zu Wechterswinkel, im Namen von dessen Kirche, und dem Stiftsmarschall (:Marschalcum nostrum:) *Volger* (von Eberstein) über einen Theil des von Volger als Burglehen bezüglich der Salzburg von dem Stifte innegehabten Zehnten zu Trimprechterode, als Ersatz wofür er sich von genanntem Marschall dessen eigene Güter zu Leutershausen (Luthershusen) zu Lehen auftragen lässt, welche jährlich 16 Scheffel Gerste und 16 Scheffel Hafer an das Stift abzugeben haben. Der in der Urkunde als Zeuge genannte *Botho von Eberstein* ist des Marschalls *Volger* Bruder, welchen Beiden ihr Oheim, der Marschall Heinrich von Lauer, lt. eben angef. Urk. v. 23. Sept. 1231 u. A. sein Recht auf das Dorf „Lutenahe" hat übertragen lassen. Data anno Domini M CC⁰ XXX quinto in mense Junio apud Herbipolim, indictione VIII Pontificatus nostri anno decimo.

Des k. Archivs zu Würzburg Copialbuch des Klosters Wechterswinkel Nro. 236a, fol. 39.

S. 243, zu Nr. 95.

1252, im Aug. Bischof Hermann von Würzburg bestätigt den Kauf des von dem Grafen Heinrich von Henneberg zu Afterlehen rührigen Zehnten in Burchardesrode und in Wolpach Seitens der Äbtissin und des Conventes von Frauenrode von den Gebrüdern von Bastheim, unter gleichzeitiger Auflassung der Lehen Seitens des genannten Grafen.

Testes huius rei sunt Wernherus scriptor Canonicus Noui Monasterij, Simon de Tannin, **Boto Marscalcus de Eberstein**, Hermannus de Brendin, Albertus de Berkoch, Carolus frater eius, Heinricus de Ostheim, Manegoldus de Ostheim et alij quam plures. Actum Anno gratiae Millesimo, Ducentesimo, Quinquagesimo Secundo, Mense Augusti, Pontificatus nostri Anno uicesimo septimo.

Frauenroder Copeybuch Nr. 184, fol. 9.

S. 243, zu Nr. 96.

1255, Juni 20. Bischof Iring von Würzburg bestätigt, unter gleichzeitiger Eigenthumsverleihung, den zwischen dem Propst Konrad und dem Convent des Klosters Rohr und den Gebrüdern Heinrich und Karl von Helderiet abegeschlossenen Kaufvertrag über den ganzen, bisher von den Gebrüdern Marquard und Mangold von Wildberg in Afterlehen besessenen, von diesen aber aufgelassenen Zehnten des Dorfes Siebildes, nachdem die Gebrüder von Helderiet zwei daselbst belegene, mit einem Zins von 2 Talenten belastete Hufen als Ersatz dafür substituirt haben.

Testes Bertoldus et Hermannus de Sternberg, Cunradus, Canonicus Erbipolensis. Gotheboldus prepositus de Wechterwinckele. Bertoldus plebanus de Meiningen. Cunradus plebanus de Hiltheriches. Cunradus Scolasticus in Minungen. Hermannus de Berterode. Heinricus Gral. Cunradus de Bastheim. Gothescalcus de Sternberg. Reinhardus de Kundorf. Lupoldus de Burcharderode. Heinricus de Hirmelshusen. Cunradus de Landeswere. Gothefredus Kiselinger. **Boto Marsalcus de Eberstein**. Volckerus de Bastheim. Actum anno domini M°CC°LV° XII Kl. july apud Meiningen indictione XIV pontificatus nostri anno secundo.

v. Schultes, Beschreib. v. Henneberg I. 417.

S. 343, nach Nr. 96.

1257, Aug. 22. Auf Ansuchen des Propstes Gotebold vom Kloster Wechterswinkel bestätigt der Bischof von Würzburg den Kauf, welchen Namens des Klosters der Kämmerer Gottfried und der Laie Wolfram von Brenden mit Herdegen von Herbsfeld über eine zu Herbsfeld gelegene Hufe abgeschlossen haben.

Testes sunt **Boto Marschalcus**, Henricus de Brenden Cunradus de Bastheim, Henricus Gratz Syboto de Heytingsvelt, Gernodus Honescalis (:vgl. Nr. 97, S. 244:) Rukerus pincerna Milites, Thomas de Hohenberg, Otto de Kundorf, Henricus de Rotenkolben Civis in Nuwenstatt, Helmericus Gerhardus et Philippinus Cives de Mellrichstatt et alii quamplures. Actum in castro Sancte

Marie Anno Domini M⁰ CC⁰ LVII⁰ XI⁰ Kal. Sept. indictione XII. Pontificatus nostri anno IV.

Wechterswinkler Copialbuch Nr. 238a, fol. 81.

S. 245, zu Nr. 98.

1267, Oct. 19. C. cantor, Ber, de Wilperg, H. de Sterenberc, R. de Vssenkeim, W. de Tannenberg, H. de Wilperg arbitri a capitulo constituti, XIII praebendas vacantes, unam vacaturam et vicariam vacantem assignant.

„Nos . . . taliter arbitrati sumus: . . . ad peticionem domini Ber. de Wilperc prebendam H. camerarii quondam confratris nostri assignamus **E. filio nobilis viri O. de Eberstein**".

Monumenta Boica, Vol. 37, p. 432, Nro. 374.

1271, Juli 16. Arbitri a capitulo constituti super undecim praebendis vacantibus et septem vacaturis, nec non de oblationibus vacantibus decidunt.

„Nos . . . taliter arbitrati sumus. Ad petitionem domini episcopi prebendam uacantem per resignationem . . **de Eberstein** assignamus . . . ".

Monumenta Boica, Vol. 37, p. 411, Nro. 381.

S. 248, vor Nr. 103.

1297, April 17. Die Äbtissin Elisabeth und der Convent des Klosters Heitingsfeld verkaufen aus finanziellen Beweggründen mit Zustimmung der Klosterfrauen — darunter *Elisabeth* (Elysabet) *von Eberstein* — dem würzburgischen Domherrn Philipp von Tannenberg für 45 Pfd. würzburgische Heller die jährlich 30 Malter Gerste zinsenden Güter zu Rottenbuer nebst Zubehör.

Heilsbronner Copialbuch Nro. 10 (im k. Arch. zu Nürnberg).
Monumenta Boica, Vol. 38, p. 162, Nr. 91.

S. 251, vor Nr. 111.

1313, Mai 12 und Juni 2. Andreas episcopus et Kuno curiae herbipolensis officialis causam de quarta parte decimae in villa Nutelingen et ejus marchia percipienda inter monasterium s. Stephani et Heinricum marschalcum de Luer exortam arbitrando diffiniunt.

„Facta est hec pronunciacio in monte gloriose virginis Marie, anno domini millesimo trecentesimo tredecimo, quarto nonas junij; presentibus honorabilibus viris dominis . . . . *Heinrico filio predicti Heinrici marschalci; et* . . **dicto de Eberstein genero eiusdem marschalci**".

Monumenta Boica, Vol. 38, p. 527—535.

S. 255, zu Nr. 120.

1337, März 27. Die Regeste giebt den wahren Inhalt des Originals nicht vollkommen richtig wieder, enthält aber Alles, was über die *Frau von Eberstein* in der Urkunde vorkommt. In der im k. Reichsarchive zu München befindlichen Originalurkunde heisst es nämlich:

„Ez ist auch geredt, daz der obgnant min herre, die anspracli der **frawen von Eberstein** vzrichten sol, vnd dazu sol ich (:Herman von Buchenawe Ritter:) im beholfen sin, so ich best mak mit dem rehten vnd wamit ich im anders dazu gehelfen mak ane geuerde".

S. 271, nach Nr. 157.

1453, Dec. 29. Richard von Masbach, Decan der würzburgischen Kirche und des Bischofs Gottfried „in spiritualibus vicarius generalis", grüsst Herrn Martin Truchses, Domherrn und Archidiaconus der vorgenannten Kirche, oder dessen Officialis und bestätigt den Austausch der Lehengüter: der Domherrnstelle, der Präbende und der Capelle, zwischen Mathias de Gulpen, Domherrn des neuen würzburgischen Klosters St. Johannis, einerseits und *Veit von Eberstein*, Capellan der Capelle St. Martini zu Veitshochheim, andererseits (:Mathias de Gulpen canonicus in ecclesia sancti Johannis noui monasterii herbipolensis ex una, et heinricus Truchses similiter in eadem ecclesia canonicus procurator et eo nomine procuratorio discreti viri Viti de Eberstein capellani capelle sancti Martini in Veitshocheim herbipolensis dyocesis ex altera partibus:).

Datum herbipoli anno domini Millesimo quadringentesimo quinquagesimo tercio die sabbati proximi post festum Natiuitatis domini nostri ihesu christi nostri officii sub sigillo presentibus appenso.

Perg.-Orig. im k. Arch. zu Nürnberg, Siegel abgef.

In des k. Archivs zu Würzburg Liber sepulturae No. 36 findet sich ausser der Grabschrift Dietrichs und des (wie bei Salver) Konrad genannten Domherrn von Eberstein noch die des Kanonikers Veit von Eberstein. Dieselbe lautet: *Anno 1475 die dominica 29. Octobris O (:obiit:) Venerab. Dns Vit(us) de Eberstain Can. huj (us) Ecclae (:Ecclesiae:).* Chor. I. lin. 3. No. 8.

S. 272, nach Nr. 159.

1532, Freitags 20. Sept. schreibt der Rath zu Nürnberg an des Markgrafen Georg Statthalter und Räthe „yetzo zw Feuchtwanng" u. A. Folgendes:

Gestrenngen hochgelerten edeln vnd vessten, wie vnns yetzo durch vnnser gelegte posst von den vnnsern ausz wienn des Turcken abzug oder hindter sich ziehens halb anzaigung gethan ist, dauon schicken wir E. E. (:Ewer Erbarkeiten:) hiemit ainen auszug zu finden Daneben noch kain annders, dann das der Türck nit mit geringem verlusst seines kriegs volcks, auch grossem schanndt vnd schaden vor dem armen geringen Stetlein Günz abgezogen ist etc. Vnns schreybt auch daneben vnnser gesanndter, den wir bey kayserlicher Majestät haben, das jn still dauon geredt werde, alls ob die kayserliche Majestät willens sey, jren wege jn kurtz auff ytalien vnnd Neapolis vnd vielleicht gar jn hispaniam zu zunemen, wie dann jr Majestät die weg strassen vnd flecken daselbsthin verzaichen lassen vnd von den zwelff tausenndt knechten, die der herr von Domisz vnd herr **Maximillian von Eberstein** jrer Majestät geüert, Acht tausenndt geurlaubt, vnd nit mer dann vier Tausenndt behalten haben soll, das ist aber auch noch vngewisz vnd würdet jn sollichem die Zeit das ennde zuerkennen geben.

Nürnberger Briefbuch No. 105, fol. 137.

S. 529, zu „Mangold II."

1492, Freitag nach Estomihi (9. März). *Mangold von Eberstein* (:der 1490 eine Bestallung als markgräfl. Rath erhalten [s. Repertorien-Eintrag i. k. Arch. zu Nürnberg]:) quittirt den Gebrüdern Friedrich und Sigismund, Markgrafen von Brandenburg, 22 Gulden für ein braunes Pferd, das ihm „Inn irer gnaden dienst verdorben ist".

<small>Urk. im k. Arch. zu Bamberg.</small>

S. 498, zu „Philipp I.".

Ao 1536 Sambstag nach Natiuitatis domini Frobins von Hutten Annata:

Vatter *Hutten*   Mutter **Eberstein**
Vatters Mutter *Thüngen*   Mutters Mutter **Stain.**

<small>Des k. Archivs zu Würzburg Domcapitels Aufschwörungsbuch No. 27, fol. 144.</small>

S. 515, zu „2. Ottilie".

Ao 1547 Sabbato post Corporis Christi. Wolff Dietterichs von Hutten Principalis Annata (ibid. fol. 177:), Ao 1553 die Jouis post Conuersionis Pauli. Christophs von Hutten Annata (:ibid. fol. 188.) und Ao 1555 die Sabbatho post Judica. Herrn Wolff Dietterichs von Hutten Annata (:ibid. fol. 199:):

Vatter *Hutten.*   Mutter *RiedEszelin.*
VattersMutter **Eberstain.**   MuttersMutter *Hopfgartten.*

S. 537, zu „3. Margaretha".

Ao. 1585. die Martis 30. Julij. Geörg Daniels von Manpspachs Annata (:ibid. fol 326:):

Vatter *Manspach.*   Mutter *Bemmelburg.*
Vatters Mutter **Eberstein.** MuttersMutter *Bodensehe.*

S. 537, zu „(1) Walburga".

Des Principals Joh. Hartmann von Rosenbach Annata (:ibid, fol. 570 u. 193:)

Vatter *Rosenbach*   Mutter *Knöringen*
Vatters Mutter *Carspach*   Mutters Mutter *Thann*
Vatters Ahnfrau *Buches*   Mutters Ahnfrau *Knöringen*
Vatters Urahnfrau **Eberstein** Mutters Urahnfrau *Schutzbergen Milchling.*

S. 532, vor Nr. 420.

1493, Sept. 4. Der Abt von Fulda (:Johann Graf v. Henneberg:) nimmt den *Philipp von Eberstein* zum Diener auf und dessen arme Leute, Dörfer und Höfe zu Ober-Kallbach, Gundhelm und Hutten auf 10 Jahr in seinen Verspruch.

Item Es hat Symon von gortz Marschalk etc. zwischen meinem gnedigen herrn vnd **Lipsen von Eberstein** verteidigt, das sein gnade lipsen sunderlich zu diener auffgenomen, auch die armenleut, dorffere vnnd houe, nemlich zu Obernkalba, Gunthelms vnnd Hutten, jre habe vnnd gut jn seiner gnaden sundern verspruch vnnd verteydunge genomen hat, sie als annder seiner gnaden armenleut nach bestem vermogen getrewlich zu schirmen, verteidingen, schutten vnnd weren lassen vngeuerlich, des haben die armenleut Ebolten, dem zentgrauen zu Flieden, an seiner gnaden statt huldung vnd pflicht gethon. Vnnd soll solicher verspruch stehen X jare die nechstuolgenden vnnd die menner sollen seinen gnaden die zehen jare jerlich zwentzig virtel habrn allwegen vf michaelis in das slos zum Newenhoue geben vnnd verandlogen. Actum vf mitwochen nach Egidi anno (mcccc) xciii⁰, habetur a philippo de Eberstein litera recognitionis de supra.

Zu obgeschriebner forme hat sine gnade in verspruch genommen die houe im closter zu Sluchter gelegenn mit sampt des Abbts habe vnnd gebrott' gesinde, auch den Newenhoff über dem Reide gelegenn, dauon mein her von Sluchter seinen gnaden jn das sloss zum Newenhoue verandlogen soll allwegen vf michaelis XV malter habrnn alles nach laut der briue, jme darumb gegeben, vnnd ein Reuerszbr., das es sein wille sey von jme genommen, der hernach eingeschriben ist.

Cop. Fuld XII. 350.

S. 548, vor Nr. 438.

1424, Montag nach S. Johannstag ante portam latinam (8. Mai). Gerlach von Eberstein, Ritter, quittirt dem Markgrafen Friedrich von Brandenburg 200 rhn. Gulden für alle Schäden, die er im markgräfl. Dienste empfangen hat, „vnd nemlich fur verderbte pferd, harnasch vnd vmb all andrer sach".

Urk. im k. Arch. zu Bamberg.

S. 548, nach Nr. 438.

1425, Mittwoch vor Martini (7. Nov.). Gerlach von Eberstein, Ritter, quittirt dem Markgrafen Friedrich von Brandenburg für geleistete Dienste 40 rhn. Gulden, welche ihm Johanes im Hofe anstatt seines gnädigen Herrn bezahlt hat.

Urk. im k. Arch. zu Bamberg.

S. 551, nach Nr. 441.

1438, Mai 15. Urfehde der Gebrüder Heincz und Symon Fligreisz, wegen eines nicht genannten Verschuldens bei Entlassung aus dem Gefängnisse Donnerstag nach Cantate dem Markgrafen Friedrich von Brandenburg ausgestellt. Siegler: „Her Hans von Seckendorff Ritter zu prun vnd her *Gerlach von Eberstein Ritter*".

Pap.-Orig. im k. Arch. zu Nürnberg, Siegel aufgedr.

S. 552, vor Nr. 442.

1446, Sept. 28. Markgraf Albrecht von Brandenburg, welcher sich mit seinem Bruder Johann in die von ihrem Vater herrührenden Schulden getheilt, will *Gerlachen von Eberstein* rechtzeitig von der Bürgschaft ledigen, die derselbe wegen dieser Schulden übernommen.

Wir Albrecht etc. Gereden vnd versprechen für vns vnd vnser erben wo Sigismund von lentersheim Ritter (:vgl. S. 641:) vnser Rate vnd lieber getrewer fur vnsern lieben herrn vnd vater selligen souil vns des berürt nach auszweisung der teilung der schuld So vnser lieber bruder marggraf Johans vnd wir miteinander geton haben vnd auch biszher nach abgangk desselben vnsers lieben herrn vnd vaters selligen vnser burge oder selbschuld worden ist vnd sein Insigel zu dem vnsern gehangen hot vnd hinfur vnser burg oder selbschuld wirdet vnd sein Insigel zu dem vnsern hencket das wir In vnd sein erben gütlichen vnd on alle Ir scheden gern dauon ledigen vnd losen wollen on alles geuerde Des zu vrkund haben wir vnser Insigel etc. Datum onolspach am mittwoch vor Michaelis Anno etc. xlsexto.

In obgeschribner form haben herr walther von Hurnheim, Mertein von Eib, hans von Absperg Iglicher einen solchen brif, **Gerlach von Eberstein** allein für marggraf Albrecht, herr hans von Seckendorf zu Brunn Ritter, herr hanns von Wallenrod Ritter, Anthonig von Seckendorff, Wilhelm von Crewlsheim, Jorg von Absperg, Sebastian von Seckendorff.

_{Aus des k. Arch. zu Nürnberg Gemeinbuch Tom. II.}

1446, Sonntag nach Elisabeth (Nov. 20). Markgraf Albrecht von Brandenburg befiehlt seinem Landrichter Hansen von Seckendorff zu Brunn, Ritter, den von Jorg von Wisentaw „*Gerlachen von Eberstein, Ritter*, auff das lantgericht" geladenen Schäfer Vlrich Kraenbürgell „für den benanten *Gerlachen, seime herrn,* zuweisen".

_{Pap.-Orig. im k. Arch. zu Nürnberg, Siegel abgef.}

S. 552, nach Nr. 442.

1450, Juni 22. Markgraf Albrecht von Brandenburg überlässt dem Ritter *Gerlach von Eberstein*, seinem Rathe, wegen getreuer Dienste und für genommene Kriegsschäden das Schloss Lichtenau auf ein Jahr.

Wir Albrecht etc. Bechennen an disem offen brief das wir vnserm rat vnd lieben getrewen **Gerlachen von Eberstain** ritter von sulcher getrewer dinst wegen, vns vnuerdrossenlich bisheer getan hat Auch In künfftig zeit wol tun mag vnd auch zu ergeczungen merklicher schäden so er In vnserm kriege vergangen geduldet hat das Schloss liechtnaw mit allen vnd iegklichen seinen zu vnd eingehörungen nichts ausgenomen zu seinen hannden vnd gewalden eingegeben haben Mit der vndterscheid vnd also das er das alles von hewt dato dits briefs ein gancs Jar vber vnd nit lenger zu vnd nach allen seinen nottdurfften gebrauchen Innehaben nüczen vnd nyesen sol vnd mag vngehindert von vns vnd aller meniglichs von vnszern wegen alles ongeuarlich Zu vrkund mit vnserm anhangenden Insigel versigelt vnd geben zu Onolczpach an Montag vor Johannis Baptiste anno etc. quinquagesimo.

_{Aus des k. Arch. zu Nürnberg Gemeinbuch II. 56b.}

S. 552, zu Nr. 444.

1453, Mai 14. Der Brief befindet sich jetzt im k. Archive zu Nürnberg und lautet:

Vnser früntlich willig dienst zuvor Lieber Gerlach vns hat fyrbracht vnser mitgeselle hanns vom Stain zu Ronsperg Ritter wie du Im sin armlüt die von Tainhusen fürgenommen vnd geladt habest hannsen von fryberg pfleger zu Manhaim vff Montag vor dem hailigen Pfingsstag zu onlspach zu antwurtten vff dem lantgericht des Burggrauff Thums zu Nüremberg etc. Vnd In aber solich ladung so kurtz vor solichem tag verkündt vnd geantwurt sy, deszhalb sy vff solichen tag nit kommen noch verantwurtten mechten Vnd auch dieselben von Tainhusen Im gelicher billicher Recht nie vorgewesen syen So Bitten wir dich von des vorgenanntten vnsers mitgesellen vnd siner armen lüt wegen, mit ernst flissig du wollest daran sin din hilff vnd schub darzu tun damit die sach heruff an disz land geschoben vnd gewist werde So söllen sy Im gelicher billicher Recht nit vor sin wenn er des begert vngevarlich Ob aber das Je nit gesin möchte So wöllest du In doch die nächsten ladung ze gutter zit vorhin verkünden das die daruff kommen vnd sich verantwurtten mugen So söllen sy denn tun was sy denn zu tun schuldig syen Denn wir vnserm genädigen herren dem Marggrauen vmb solichs auch geschriben haben vnd dich darInne bewisen vnd tun als wir dir wol getrüwen Das wöllen wir mit willen vmb dich verdienen Geben vnd besigelt von vnser aller wegen mit Beren von Rechbergs von hohenrechbergs Ritters hoptmanns Insigel vff Mäntag nach dem hailigen Vffarttag Anno etc. liij⁰.

Ber *von Rechberg* von hohen Rechberg Ritterhoptman vnd gemaine gesellschafft der Ritterschafft mit sant Jörgen Schilt jn Schwaben So denn jetz by ainander gewesen sind.

Dem Strengen vnd vesten **Gerlachen von Eberstein** *Ritter* lantrichter des lantgerichtz des Burggrafthums zu Nürnberg vnserm gutten fründ.

Pap.-Orig. im k. Arch. zu Nürnberg.

S. 557, nach Nr. 448.

1456. *Erasmus von Eberstein* Fehde gegen Nürnberg.

Erasmus von Eberstein hat dem Rath zu Nürnberg abgeclagt, vngeachtet Er von Hertzog Wilhelm zu Sachsen angewiesen worden, was Er zu Ihnen zusprechen hette, solches rechtlich auszzuführen, welches Er auch eingewilliget hatte. Er ist in ein dorff, Cost genant, so Endres Hallers Erben zugehört, gewalltthätig eingefallen mit 40 Pferden, hat fünff Man gefangen genommen vnd alles vieh hinweg getriben, vnd alsz ein Weib vmb Ihre khüe gebetten, Sie auff den Todt schlagen lassen. Der Rath zu Nürnberg hat Wilhelm Löffelholz dieser vhed halben an den Bischoff zu Würtzburg abgefertiget, dieselbe ist aber endtlich durch hertzog Wilhelm zu Sachsen vertragen worden bey Marggraf Albrechts beylager mit seiner andern Gemahel Anna, Friedrich Churfürsten zu Sachsen Tochter, welches gehalten worden zu Onoltzbach den 13ten Nouembris Anno 1458, dem haben von desz Raths zu Nürnberg wegen beygewohnt, Niclas Muffel vnd Hansz Koler, vnd weil Sebald Tetzel in dieser vhed desz von Eberstein diener gewest, ist er auch ausz sorgen gelassen worden.

Müllners Annalen der Reichsstadt Nürnberg II. 1227b.

1457, Aug. 12. Markgraf Albrecht von Brandenburg legt die Fehde und Zwietracht bei, welche zwischen *Asmus von Eberstein* einerseits und der Stadt Rothenburg an d. Tauber andererseits obwaltet.

Wir Albrecht von gotes genaden Marggraue Zu Branndemburg vnd Burggraue zu Nuremberg, Bekennen vnd thun kunt offennlich mit dem Briue gein allermeinglich Als von sulcher sachen vnd vnwillens wegen So auferstanden vnd sich begeben haben Zwuschen vnnsern lieben besundern **Asmus von Eberstein** an einem vnd den Ersamen weysen auch vnnsern lieben besundern Burgermeistern Rate vnd Innwonern der Stat zu Rotenburg auff der Tawber am andern teil, Darumb dann der gnant Asmus Vnd mit Im Steffan Besszrer Seitz Snabel vnd Hanns Hetzel mitsampt anndern Iren knechten vnd Helffern Vnd die obgnanten von Rotenburg, gegeneinander zu vehden feint-

schafften vnd Zugriffen komen sein Das wir dann von Ir beyder wegen nicht
gerne gesehen, Sundern bey Ine sulchen vleis ankeret, das sie sulch sachen
vnd was sich zwischen Ir zu beyderseyt dorInn ergangen vnd begeben hat
volmechtiglich auff vns gestalt, gewilliget vnd zugesagt Haben Wie wir sie
durch vnnsern gutlichen spruch entscheiden, Das sie das von allen teilen ge-
trewlich Halten vnd dem nach komen sullen vnd wollen an eintrag vnd genez-
lich an alles geuerde, Also vnd dorauff So scheiden vnd sprechen wir, des
ersten, Das die vehde gancz ab vnd beyde obgnante teil Auch alle die Iren
mitsampt allen Iren knechten Helffern Helffers Helffern vnd allen den die
darunder gewannt oder verdacht sind Heymlich oder offennlich aller sulcher
sachen vnd vnwillens Halben vnd alles des, Das sich Bisz auff disen Hewtigen
tag, DorInn begeben ergangen vnd verlauffen Hat, nichts auszgenomen Noch
Hindan geseczt, gancz gerichtet geslichtet vnd gesonet sein vnd bleiben sullen,
Das auch Hinfur kein teil gegen dem andern nicht mer In arck oder rachsal
annden efern oder Rechen sol, weder mit worten oder wercken Heymlich noch
offennlich In dhein weisz Vnd sullen auch dorauff alle gefangen von beyden
seyten Ir fancknusz ledig, Auch alle atzung Branntschatzung, Dingnuss Vnd
vngeuallen gelt gancz abe vnd vnbeczalt bleiben Vnd die Burgen dafür ledig
vnd lose sein, alle arglist vnd geuerde HirInn genczlich auszgeslossen, Des Zu
vrkunde Haben wir yedem obgnanten teil, diser vnnser Spruchbrieff einen In
gleicher forme Lautende, Mit vnnserm anhangendem Innsigele versigelt gegeben
Geschehen zu Onoltzpach am Freitag nach Sand Laurencientage Nach Cristi
vnnsers Hern gepurt Vierczehenhundert vnd In dem Sibenvndfünffczigisten Jaren.

Urk. im k. Arch. zu Bamberg.

S. 558, Nr. 450.

1459, Nov. 17. Markgraf Albrecht von Brandenburg legt
die Zwietracht bei, welche zwischen Endres Zollner zu Rymbach
einerseits und *Asmus von Eberstein* andererseits obwaltet.

Wir Albrecht etc. Thun kunt offennlich mit dem brif Als von sulcher Zwi-
tracht vnd vnwillens wegen So dann gewesen ist sich begeben vnd verlauffen
hat Zwischen vnnsern besunder lieben vnd getrewen Enndresen Zollner zu
Rympach eins, vnd **Asmusen von Eberstein** annders tayls In dem der
itzgenant Asmus dem obgenanten Zollner ettlich sein armleut gefanngen geschaczt
vnd Ine domit ettlich Ir Hab genomen hat das wir Zwischen beiden obgnanten
partheyen souil vleis ankert haben das sie sulcher Irer Zwitracht vnd vnwil-
lens genczlich auff vns komen vnd ganngen sind Also wie wir sie In der gut-
lichkait darumb aynen vnd Zwischen Ir auszusprechen, das sie das also getrew-
lich halten dem nachkomen thun vnd volfurn sullen vnd wollen als sie vns das
dann beiderseit glaublich Zugesagt haben Daruff so schaiden vnd sprechen wir
das Asmus obgenant, die gefanngen so er dem Zollner abgefangen hat on
schaczung vnd on alle entgeltnusz, auch die burgen die deszhalb verhafft sind
Irer Burgschafft ledig Zelen vnd sagen sol vnd vmb die Name die er Enndre-
sen Zollner vnd seinen armenleuten Zugefugt hat, sol es auff vns besteen, wie
wir es darumben ausprechen vnd machen werden, dabej sol es bleiben Vnd
daruff so sol aller vnwille vnd Zwitracht wie sich die Zwischen Ine vnd allen
den die darunder gewant vnd verdacht sind bisz auff diesen Heutigen tag be-
geben gemacht vnd verlauffen habenn genczlich vnd gar gericht geslicht vnd

versonet sein vnd bleiben das auch kein tayl hinfur gegen dem andern nicht anden effern oder Rechen In arg oder Rachsal heimlich noch offennlich In dhein weisz, alles on arglist vnd genuczlich on alles geuerde Des Zu vrkund Haben wir dem begernden tayl disz vnnsers spruchs einen brif mit vnnserm aufgedruckten Innsigel versigelt gegeben Gescheen zur Newenstat an der Eysch am Samstag vor Sand Elsbeten tag Anno domini etc. Lix^{to}.

Auf der Rückseite steht: Abschied und Spruch zwischen Asamus von Eberstein Endresen Zollner zu Rympach etlicher gefangenen halben etc. (: die drei letzten Worte sind von anderer Hand:).

Concept im k. Arch. zu Bamberg.

S. 620, vor Nr. 508.

1436, Juni 25. Spruchbrief des Markgrafen Friedrich von Brandenburg, worin u. A. auch *Karl von Eberstein* als Schiedsrichter in den Irrungen zwischen dem Bischof Johann zu Würzburg, den Herrn des Capitels daselbst „vnd allen Prelaten vnd pfaffen Irs teils" einerseits und dem Grafen Albrecht v. Wertheim, Domherrn und Pfleger des Stifts zu Würzburg, Johannsen, Michel und Jorgen Grafen zu Wertheim, des Bischofs Oheimen, „ettlichen Tumherrn zum Tumstift mit namen Reinharten von maszpach Techant, Johansen von Malkus, friderich Schoder vnd Dietrich von fenyngen, ludwigen pfuczinger zu hawge Jorgen Bedenter zum Newenmünster, die Ettsten (sic) vnd den Capiteln derselben zweyer stifte vnd andern prelaten vnd pfafheit Irs teils vnd den Burgermeistern, Rate vnd gemeyne der Stete Wirczburg vnd Ochsenfurt" andererseits designirt wird.

„Vnd vmb des ganczen vnd guten getrawens willen So dann beyde obgenant teil In vns gesaczt haben Ist wol billichen das wir sie zu beyderseit redlichen vnd wol versorgen, damit vnser spruch gehalden vnd nicht verbrochen werde hirvmb so scheiden vnd sprechen wir In craft dicz brifs ob ein obgenant teil vermeint, das der ander teil disen vnsern spruch an einem ader mer artickeln jnnergangen sachen vberfaren hett Es weren geistliche oder werntliche vnd ein teil meint das er damit beswert würde, das sol doch kein teil gen dem andern nicht andenn efernn noch rechen In dhein weise Sunder welcher teil vermeint, das an Im verprochen wer, vmb vergangen oder zukunftig sache wider gewonlich recht, derselb teil Sol das fur vns oder vnser Söne einen brengen Alsdann sullen wir oder vnser Söne einer welcher danne bey lannde wer, ausz disen hernach geschriben newn oder eylff zu vns vordern mit namen ausz den, Wilhelm vnd Jorge Grauen zu hennberg Wilhelm Graff zu Castel Conrat herr zu Weynsperg Craft herre von hohenloch Conrat Schenck herr zu lympurg Erckinger herr zu Swarczenberg vnd von Sawnszheim Jorg von Seckendorff Ritter Albrecht Truchsesz Ritter Conrat von hartheim Ritter Eberhart von Schawmberg Ritter Wilhelm marschalk Ritter Veit vom Rotenhan Ritter Albrecht von Maspach hans kuchenmeister Jorg fuchs Swarcz Erckinger von Sawnszheim Mertein von Eybe Dicz vnd Sigmund von Tüngen Jorg von Bebenburg hans Nolt von Seckendorff zu leymbach Peter von Ehenheim hans übel von Ehenheim Reinhart von hartheim hans von hartheim hans von hespurg hans fuchs zu hasfurt **karel von Eberstein** hans vnd Mathes vom Rotenhan Caspar von Bibra heincz von Tunfelt Concz von Grumbach Concz von Rosenberg zum Partenstein Balthasar von Wenckheim Apel von Steyn Concz Zolner von Riszenhausen, Kilian von vestenberg vnd Peter Zolner".

„Gescheen vnd geben zu Kitzing am Montag nach Johanis baptiste Nach Cristi vnsers herrn gepurt vierczehenhundert Jare darnach in dem Sechsvnddreissigsten Jaren".

<small>Aus des k. Arch. zu Nürnberg Gemeinbuch Tom. III.</small>

S. 628, vor Nr. 518.

1455, Mai 28. Johann Engersheim zu Pergel verkauft 5 fl. ewige Gilt an das Gotteshaus zu Unterbibert. Onolzbach Mittwoch in den h. Pfingstfeiertagen 1455. Siegler *Lorenz von Eberstein*.

<small>Urk. im k. Arch. zu Bamberg.</small>

S. 619, nach Nr. 521.

1463. Donnerstag nach Laetare (24. März). *Lorencz von Eberstein* quittirt dem Markgrafen Albrecht von Brandenburg die Vergütung aller Schäden, „So er In disen kriegsleufften an pferden vnd Harnasch empfangen hat".

<small>Urk. im k. Arch. zu Bamberg.</small>

S. 629, zu Nr. 521.

1464. Juni 8. Der Lehenrevers befindet sich jetzt im k. Archive zu Nürnberg.

S. 648, zu „3. Karl".

Nach einer Urkunde des Markgrafen Friedrich von Brandenburg d. d. Onolzbach 28. Mai 1496 wurde *Karl von Eberstein* von Heinz Marstaller zu Baiersdorf vor d. J. 1496 erstochen; auf seinem Epitaphium ist daher zu lesen: „Ao dni. m. cccc. xciiij (:nicht xcvij:). a. Sontag nach. etc", und der Todestag ist also nicht der 26. Febr. 1497, sondern der **1. März 1494.** Die Urkunde lautet:

Wir Fridrich vonn gotes gnadn Marggraue Zu Branndemburg, zu Stettin Pommern etc. Herczog Burggraue zu Nuremberg vnnd furst zu Rugen Bekennen vnnd thun kunt offenntlich mit diesem briue gein allermeniglich, Alls sich in vnnserm Marckt Bayrsdorf Zwuschen Jheronimus von wirtzburg vnnd Bernharten von der Thann. dienern des Erwurdigen Inn got vnnsers besundern lieben Herrn vnnd freunds Herrn Hainrichs Bischouen zu Bamberg vnnd Zwayen knechten Nemlich Hainczen Marstaller, vnnd Hansen Stawden ains, vnnd vnnserm Ambtman Zu Guntzenhawsen Rat vnnd lieben getrewen paulsen von Absperg Ritter, Auch **Karlln von Eberstain** seligen, vnnd ainem des genanten paulsen knecht Gall genant anderstails ain Handel begeben hat, des der obgenant Karll von Eberstain vom leben zum tod komen vnnd der genant Gall des von Aspergs knecht etwas hart verwunt worden ist, darob die obgenanten Jheronimus von wurczburg vnnd Bernhart von der Thann mit den genanten Zwayen knechten zu frischer that daselbs zu Bayrsdorf gefencklich angenomen, vnd bishero Inn derselben gefencknus enthalten worden sein, Solcher Handel als der an vnns gelangt. vnns bedertailhalb nit lieb gewest ist, dorumb wir auch souill vleis furgewennt, das der genant pauls von Absperg Ritter auch **Hanns von Eberstain** des genanten verstorben *Karls bruder* vnns *fur sich vnd* anndere des megenanten *Karlls von Eberstains* seligen **mutter, bruder** (: *Simon* und *Philipp*, s. S. 648 u. 649:) vnnd freundt die dieser Hanndel be-

rurn mag, auf vnnser gutlichs ansuchen vnnd bete bewilligt haben, gutlich von
den ergangen dingen handeln zulassen. das vnns auch der genannt vnnser
Herr vnnd freundt von Bamberg von obgenanter von wirtzburg vnnd der Thann
seiner Diener vnnd derselben zwayer knecht wegen, auch zugelassen hat,
Demnach wir auch vernner Zwuschen Ine von baiden tailn gehanndelt vnd bey
yder parthey Nemlich Hern Hansen von Redbitz Thumbhern zu Bamberg
Dietzen von Thungen Hofmaister Dariussen von Hesberg Ritter Schulteissen
zu vorchaim vnnd lewpolten Truchses zu Dachsbach, alls geschickten vnnsers
genannten freunds von Bamberg vomwegen der obgenannten seiner lieb Diener,
Paulsen von Absperg Ritter vnnd Hannsen von Eberstain von irn vnnd des
obgnanten Karll von Eberstains seligen mutter vnd ander seiner bruder vnd
freuntschaft vnd aller der so dieser Hanndel berurn mag wegen souill erlangt,
das sie die gemelten sachen Karll von Eberstains entleibung, vnnd alles an-
ders berurnt das sich desselben Handelshalb bis auf heut datum dits briues
vor Inn vnnd nach der geschicht begeben vnnd verlauffen hat gentzlich Zu
vnnserm gutlichen spruch gestellt, vnnd vnns mit glaublichen worten vnnd
vollem gewalt ydertail fur sich vnnd sein mituerwant Zugesagt haben was
vnnd wie wir Zwuschen Ine sprechen werden, das ir yder solchs also anemen,
hallten vnnd volcziehen sollen vnnd wollen on auszug vnnd sunder alle waig-
rung getrewlich vnd ongeuerlich. Auf sollic hshaben wir gesprochen vnnd spre-
chen mit vnnd Inn crafft dits briues, das die obgenanten Jheronimus von wirtz-
burg vnnd Bernhart von der Thann, vnnd die genannten Zwen knecht, auch
der Dritt knecht genannt Contz von Schalcken, der nachuolgenndt gein Bayrs-
dorf Hinein komen, vnnd auch Inn gefencklich verstrickung genomen worden
ist, mitsambt irn pferden vnnd Hab auf nachuolgend vrfedh, auch betzalung
irer atzung, vnnd was Zu irer enthaltung dorauff geganngen ist ongeuerlich ledig
geczellt vnd gelassen werden sollen, Nemlich das ir yder vnnserm Ambtmann
Zu Bayrsdorff Rat vnnd lieben getrewen Hannsen Truchsessen an vnnser stat
globen vnnd Zu got vnnd den Hailigen schwern sollen, das er diese gefenck-
nus, vnd alle Handlung gegen Ime ergangen vor vnd Inn der gefencknus Hin-
furan ewiglich Inn kainem argen oder vngut anden efern oder rechen soll noch
woll, durch sich selbs oder ymants von seinen wegen an vnns obgenantem
Marggraue fridrichen vnnsern erben lannden lewten, vnnd vndertanen gaistlichen
vnnd werntlichen vnd Inn sunderhait nicht an den obgenanten paulsen von
Absperg Ritter Hannsen von Eberstain, vnnd anndern des genanten Karll von
Eberstains seligen brudern mutter vnd freuntschaft, vnnd allen den die solchs
Handels verwant oder verdacht sind. Inn kain weys wie das ymants erfinden
oder erdennken mocht getrewlich vnnd ongeuerlich, So ist auch von des ob-
genannten knechts wegen Haintz Marstaller genannt, der Karlln von Eber-
stain seligen den stich getan, alls er des selbs bekannt hat, des derselb Karll
vom leben Zum tod kommen ist, den obgenannten paulsen von Absperg
Ritter, vnnd **Hansen von Eberstain** an stat sein, seiner mutter,
bruder, vnnd anndrer irer freuntschaft dieser sach vnd Handels verwant gegen
irer notturftigen Quittantzen bezalt Tawsent guldin guter Reinischer lands-
werung. mit denselben des obgenanten **Karll von Eberstains** se-
ligen selen hail mit Stifftung ainer *ewigen mesz, vnnd ains ewigen lichts
an dem end da er begraben ligt,* vnnd aufrichten ains *stainen Crewtz Zu*

Bayrsdorff da sich der Hanndel verlauffen hat, auch anndern guten wercken zusuchen, vnd zu bestellen. Wir sprechen auch vernner Das der obgenant vnnser Herr vnd freund von Bamberg sein nachkomen, Stifft vnnd vedertan, auch die megenanten Jheronimus von wirtzburg, vnd Bernhart von der Thann seine diener. Auch pauls von Absperg Ritter, Hans von Eberstain sein mutter andere sein bruder vnnd freuntschaft. mitsambt allen vnnd iglichen, die vermelts Hanndels vnd ergangner geschichthalb wie sich die an Karlln von Eberstain seligen vnnd sunst Zwuschen den tailn. auch durch die vnnsern Zu Bayrstorff begeben oder verlauffen haben, vnnd alle die das berurn mag nichts ausgenomen genntzlich gericht gesonnt vnd veraint sein, Das auch Hinfuro kain taill gein dem andern durch sich selbs noch ymants von seinen oder irn wegen nicht anden efern oder rechen, soll mit noch on gericht, nech sonst Inn kain annder weis noch weg, wie das furgenomen oder gebraucht werden mocht alles on ausZug behelff, vnnd gentzlich on allerley geuerd, Dos alles Zu warem vrkunt haben wir iglichem obgenantem tail dieser vnnser Spruchbrif ainen mit vnnserm anhangendem Innsigel versigellt thun vbergeben, Geschehen Zu Onnoltzbach am Sambstag nach dem Hailigen pfingstag Nach Cristi geburt vierzehnhundert vnnd im Sechs vnnd Neuntzigisten Jare.

Rückseite: Meines gnedigen Herrn marggraf friderichs Spruch vnd richtigung der geschicht halben Zu Beyrsdorf an Karl Eberstain selligen. Anno 1496.

Urk. i. k. Arch. zu Bamberg, sigillum deest.

S. 1104, zu „1. Sophia Elisabeth".

„Es war der Herr Hauptmann von Obschelwitz auf der Reise nach Thüringen und pernoctirte zu Reinheim, als des folgenden Tags seine Frau Gemahlin ganz gesund wollte in die Chaise steigen, bekam sie einen Mann zu Gesicht, welcher wegen überstandener Hauptschwachheit sehr miserabel aussah, darüber bekam sie einen Schauer und wurde von Stunde an auch an dieser Schwachheit krank und starb. Weilen nun der Vater sein verstorbenes Töchterlein zu Weinheim ohnlängst hatte begraben lassen, so machte er durch seine Soldaten, weilen er zu Weinheim im Quartier lag, die Anstalt, dass dasselbe in der Stille wieder ausgegraben und nach Reinheim bei seine Frau Mutter gelegt werde; also ist dieses Fräulein einmal gestorben und zweimal begraben"

Hier ruhet in Gott die wohlgebohrne Frau Sophia Elis: von Öbschelwitz, gebohrne von Eberstein, so gebohren in Thüringen auf dem Schlosz Gehofen 1662 den 20. April; vermählt an den Wohlgebohrnen herrn Johann Baltasar henrich Öbschelwitz ao. 1682 den 13. Aug. Hat in der Ehe gezeuget 6 Söhne und 2 Töchter, wovon schon eine Tochter durch einen seel. Tod vorhergegangen, die aber hierher neben ihre Frau Mutter ist gebracht worden. Ihres Alters 31 (:33?:) Jahr 5 Tag.

Hier ruhet in Gott das wohlgeb. Fräulein Dorothea Ellsabetha von Öbschelwitz, so geboren zu Wiebelsbach bei Otzberg ao. 1693 den 12. Juni. Im Quartier zu Weinheim ao. 1694 den 12. Mai selig entschlafen und allda beigestellt, 1695 von ihrem herrn Vatter wieder ausgegraben worden und neben ihre seelige Frau Mutter in die Reinheimer Kirche gelegt worden, ihres Alters 1 Jahr.

Böckh's Handschr. v. 1750 in d. grbrzgl. Hofbibliothek zu Darmstadt.

S. 1230, zur **Uebersichts-Stammtafel.**

Eberhard III. - Gem. I) Anna v. Bach; II) Elisabeth von der Tann.

Anna. G. Paul v. Burdian.		
Hermann III. G. Elisab. v. Malkos.		
Margaretha. G. Komr. v. Allendorf u. Bischofsh. v. d. Rh.		
Eberhard IV., Stammv. der Linie zu Ginolfs u. Bischofsh. v. d. Rh.	**Margar.** G. Heinr. v. Ebersb. gen. v. W.	**Anna.** G. H. v. Ebersb. v. Ebersberg.
	Elisab. G. Albr. v. Ebersberg.	**Ottilie.** G. Ulrich v. Hutten.
		Eberhard V. Dorothea v. Dalwigk.
		Katharina. G. I) Philipp v. Karsbach, II) Quirin v. Karben.
		Walburga v. Karsbach. G. Dietrich v. Rosenbach.
		Katharina v. Karsbach. G. I) Quirin v. Riedesel, II) Ulrich v. Cronberg.
Mangold I. † 1448. G. I) Anna Küchenmeister, II) Elis. v. Hutten.	**Philipp I.**, † 1473. G. Jutta v. Stein.	**N.** (Tochter), † vor 1426.
		N. G. Ulrich Hoelin.
	Philipp II., † 1539. G. Elisab. v. Wallenstein.	**Margaretha.** G. Lüdiger v. Mansbach.
		Anna, G. Johann. v. Rüdigheim.
		Dorothea. G. Georg v. Fischborn.
		Kunigunde. G. Oswald v. Fechenbach.
		Barbara, † vor 1546.
	N. G. Hans v. Hutten.	**Asmus,** † 1478. G. Fele Fuchs.
		N. G. Heinr. Schenk.
		Mangold II. zum Brandenstein, † 1522. G. Marg. v. Rosenberg.
		Georg der Jüngere zum Brandenstein, † 1540. Anna v. Ebersb. gen. v. W.
		Amalie v. Karben. G. I) Gebh. von Breidenbauch gen. Breidenst., II) Johann v. u. zu der Hees.
Barbara. G. Hans v. Ostheim.		
Karl, pflanzte sein Geschlecht dauerhaft fort.	**Wilh.,** † vor 1404.	**Peter,** † vor 1443.
		Gerlach, † 1454. G. .. v. Zoller.
	Wilh. † 1489. G. Marg. v. Stein.	**Peter,** v. Wolfstein.
		Gutta, G. Georg v. Wolfstein.

Register
der hauptsächlichsten Personen-Namen.

A.
v. Absberg 63. 67. 89. 93.
v. Auerbach 73.
Ayd 42. 43.

B.
v. Bamberg, Bischöfe 6. 13. 18.
v. Bastheim (1252 u. 55) 84.
Baumgartner 10.
v. Bebenburg 92.
Beheim 15—17. 72.
v. Bemmelburg 87.
v. Berkoch 84.
v. Berlichingen 1. 5. 11. 12. 79.
v. Berterode 84.
v. Bibra 92.
v. Bodenhausen 76.
v. Bodensehe 87.
v. Brandenburg Markgr. 6. 13. 14. 18. 86—93.
v. Brende 84.
v. Buchenau 5. 85.
v. Buches 87.
v. Burcharderode 84.

C.
v. Carsbach 87.
v. Castel Gr. 92.
v. Crailsheim 89.

D.
v. Deiningen 72.
Dietz 6. 74.
Durnmeyer 36. 38.

E.
Ebner 76.
v. Ehenheim 92.
v. Eib 89. 92.
Erla 47. 48. 58. 59.

F.
v. Feyningen 92.
Fliegreiss 88.
Flock 46—49. 58. 67.
v. Freiberg 89.
Fuchs 7. 59. 64—68.

G.
Gall 94.
v. Geyer 67.
Geyger 15.
Graf 32. 37. 40. 51.

Grebel 49.
Grübel 25. 27. 29.
de Gulpen 86.

H.
Haller 28. 30. 31. 90.
v. Hartheim 92.
Heckel 15.
v. Heldrit 84.
Henn 50 ff.
v. Henneberg Gr. 81. 84. 87. 92.
v. Herbsfeld 84.
v. Hessberg 92. 94.
v. Hessen Lgr. 76.
v. Hirmelshausen 84.
Hirsvogel 36.
v. Heytingsfeld 84.
v. Hohenberg 84.
v. Hohenlohe 92.
v. Honstein 76.
v. Hopfgarten 87.
Honescalis (Hoinuelt?) 84.
v. Hurnheim 89.
v. Hutten 1. 6. 8. 9. 46. 68. 77 ff. 87.

K.
Kettel von München gen. 32. 33. 37. 41.
Knopf 32.
v. Knöringen 87.
Koler 20 ff. 28. 41. 90.
Kramer 6.
Kress 76.
Küchenmeister 92.
Kühn (Kürn) 63 ff.
v. Kundorf (1255 u. 57.) 84.

L.
v. Landeswere 84.
v. Lauer 83. 85.
v. Lauter 17—20.
v. Lentersheim 88.
Löffelholz 90.

M.
v. Mainz, Bischöfe 6. 13. 14. 18.
v. Malkos 92.
v. Mansbach 87.
v. Masbach 92.
Marquard 20. 24.
Marschall 92.
Marstaller 93.
Merckel 10.
v. Milz 11.
Muffel 90.

N.
v. Nisika 6. 7. 59. 63 ff. 72.
Nordeck 76.

O.
Odheimer 5. 10 ff.
v. Oebschelwitz 95.
v. Oesterreich, H. Ferdinand 44. 63.
Osiander 74.
v. Ostheim 84.

P.
Peter 45. 46.
Pfannmuss 26.
Pürkel 50 ff.

R.
v. Rechberg 90.
v. Redwitz 94.
Reitvogel 49.
Reschauer 46. 68. 69.
Richter 20 ff. 28. 30.
Riedesel 87.
v. Rosenbach 87.
v. Rosenberg 5. 6. 14. 32—36. 45—46. 51. 62. 66 ff. 93.
v. Rotenhan 92.
Rothenbucher 46.
Rothmund 10.
v. Rüdigheim 6. 24. 25. 59.
Rumer 49. 56. 59.

S.
v. Sachsen Herz 90.
v. Saunsheim 92.
v. Schalcken 94.
v. Schaumberg 55. 92.
Schenk zu Limb. 92.
Schoder 92.
Schütz 53.
v. Schwarzenberg 92.
Schwentendorfer 20 ff. 28. 30.
v. Selbitz 5.
v. Seckendorf 88. 89. 92.
Seldner 49.
Seusinger 40. 41.

v. Sickingen 1. 8. 74. 79.
v. Späth 5.
Starck 36.
Staude 94.
v. Stein 87. 89. 93.
Steinbach 53.
v. Sternberg 84.
Straube 49.
Strümpf 53.

T.
v. der Tann 45. 46. 84. 87. 93.
v. Tannenberg (1267 u. 97.) 85.
Tetzel 36. 90.
v. Thüngen 5. 20. 25. 28. 67. 87. 92. 94.
Truchsess 27. 30. 45. 86. 94.
Trumer 45—47.
v. Tunfeld 93.
Tucher 11. 23. 53.

V.
v. Vestenberg 93.
Vischer 54.
Voit v. Salzburg 28—31. 46. 62 ff.
Vssenkeim 85.

W.
v. Wallenrod 88.
Wegerer 62.
Weilar 28.
v, Weinsberg 92.
Welser 33.
v. Wenkheim 93.
v. Wertheim Gr. 7. 26. 68 ff. 75. 22.
v. Weyhers 66.
v Wiesenthau 89.
v. Wildberg 84. 85.
v. Würzburg Bischöfe 6. 13. 18. 83-86. 92.
v. Würzburg 93.

Z.
v. Zedwitz 56.
Zobel 67.
Zollner 91. 93.
Zürcher 43. 62 ff.

Corrigenda.

S. 6. Z. 4 steht einem für einen.
„ 6. „ 29 „ Deinigen für Deiningen.
„ 14. „ 42 „ weil für wil.
„ 19. „ 28 „ ausgeen für ausgeen.
„ 25. „ 40 „ ansz-. für ausz-.
„ 30. „ 2 „ Edeman für Edelmann.
„ 39. „ 13 „ arprust für armprust.
„ 40. „ 20 „ erwünschte für erwüschte.
„ 47. „ 43 „ vn für vnd.
„ 57. „ 32 „ aaff für auff.
„ 58. „ 37 „ sogar für sager.
„ 84. „ 19 „ abegeschlossenen für abgeschlossenen.
„ 84. „ 40 „ abeschlossen für abgeschlossen.

Nach vollendetem Druck meiner Arbeit geht mir durch die Güte des Herrn Rektor **Dr. Lochner,** Stadtarchivars zu Nürnberg, über die Ursache, warum Agathe Odheimer 1516 in ihrem etwa 2 Stunden von Nürnberg belegenen Sitze Farrnbach überfallen wurde, Folgendes zu: Andreas Oedheim (oder Oedheimer), nach Allem ein vermöglicher Kaufmann, tritt nach einigen unerheblichen Erwähnungen seines Namens erst 1479 hervor, als er von den Erben Erasmus Schürstab's, des Genealogen seines Geschlechts, das Haus am Milchmarkt (Albrecht Dürers Platz) jetzt L. 526 an sich brachte. Der neue Besitz wurde ihm aber bald wieder feil und er verkaufte das Haus schon 1482, findet sich aber von nun an auf dem Rossmarkt, jetzt Adlerstrasse in L. 313 wohnhaft, wo er auch entweder 1490 oder Anfangs 1491 starb. Er hatte von seiner Frau, Elsbeth genannt, zwei Söhne, Leonhard und Hans, von denen der letztere bald verschwindet, der erstere das Haus und das Geschäft des Vaters übernahm. Schon 1491 erscheinen die Wittwe Elsbeth und ihre zwei Söhne in einem Prozess mit Martin Merkel, einem Gutsbesitzer in Farrnbach, aber weder der Anlass, noch die Art der Erledigung dieses Rechtsstreites ist bekannt. Martin Merkel hatte, bereits Wittwer und Vater dreier Töchter, 1476 Barbara Schürstabin, des oben erwähnten Erasmus Schürstabs Tochter, geheirathet, mit der er wieder zwei Töchter zeugte. Merkel starb 1503 und seine Wittwe kaufte ihren Stieftöchtern ihre Antheile an dem Gute zu Farrnbach ab, so dass sie es nun für sich und ihre Töchter, Barbara und Ursula, allein besass. Da die Kaufsumme 400 f. betrug (jede Tochter bekam 133 f. 84 Pfge.), so lässt sich annehmen, dass das ganze Gut 800 f. werth war, indem die andere Hälfte der Wittwe für ihren Zuschatz (mitgebrachtes Vermögen) verschrieben war. Keineswegs war das Gut von besonderer Bedeutung.

Andreas Oedheimers Wittwe Elsbeth heirathete einen in den Dienst der Stadt getretenen Schweizer, Herrn Konrad Gehauf Ritter, zum Sigmundsee, der 1494 zuerst genannt wird und einen schon erwachsenen Sohn mitbrachte, der beim Heiligthum 1495 zum Fähndrich der LangSpiesser ernannt wurde. Die beiden Söhne, Lienhard und Hans die Oedheimer, fanden sich am 20. Juni 1497 mit ihrer Mutter dahin ab, dass sie, so lange sie lebe, jährlich 50 f. und wenn sie vor ihrem Eheherrn sterbe, dieser jährlich 25 fl. bekommen solle. Konrad Gehauf der ältere starb jedoch schon 1502, nachdem er von der Stadt einen jährlichen Sold von 300 f. bezogen hatte und nicht unbeliebt gewesen zu sein scheint. Doch wurde das Begehren seines älteren Sohnes, ihn in der Stadt Dienst zu nehmen, mit ehrbaren Worten abgelehnt, und sowohl er als auch der mit der Elsbeth Oedheimerin erzeugte Knabe, sein Stiefbruder, verschwinden aus den Nürnberger Aufzeichnungen. Auch die Elsbeth wird nicht weiter genannt.

Mittlerweile hatte auch Leonhard Oedheimer geheirathet, und zwar des Gerichtsschreibers Michel Kramers Tochter Agatha. Als Kramer im Herbst 1494 an einer damals grassirenden Seuche starb, war Agatha schon vermählt und wurde nebst ihrem Manne und ein paar Freunden Testamentsvollzieherin, nicht ihr älterer Bruder Gabriel, der vielleicht untauglich war, noch der jüngere Wilhelm, der noch nicht volljährig war. Ausser Agatha waren noch zwei Schwestern da, Kunigunde, die unvermählt geblieben sein mag, und Barbara, die am 30. Sept. 1505 Lienhard Pömer, aus rathsfähigem Geschlecht, späterhin Amtmann des Waldes Sebalds, heirathete. Aus der Ehe des Lienhard Odheimer und der Agatha ging nur ein Kind — wenigstens von dem man weiss — hervor, die in den Urkunden oft genannte Helena. Lienhard Odheimer starb im Winter 1503 auf 1504, denn schon am 20. März 1504, als Wilhelm Kramer mit Bewilligung Jacob Kopfingers, seines Curators, bekannte, dass Heinrich Bauer, der Silberschmelzer, der seines Vaters seligen Geschäftsvormund und nebst Agatha, Lienhard Odhaimers Wittib, und Kunigund Kramerin, seinen, Wilhelms, beiden Schwestern, auch sein Tutor gewesen sei, ihm vollkommen Rechnung abgelegt habe, erscheint er als verstorben. Zugleich brachen nun Geldanforderungen von allen Seiten über die Wittwe herein. Metzgersrechnungen von ungewöhnlich hohem Belauf — $34^1/_4$ f. —, Ungeldsforderungen, Auszahlung des Erbguts an ihre Schwester, die Barbara Leonhard Pömerin, rückständige Eigengelder, eine Geldschuld an den Abt zu Kloster Heilsbronn, an einzelne Kaufleute machten sich geltend, und es scheint der Wittwe entweder Niemand zur Seite gestanden, oder sie aus Eigensinn jeden Beistand verschmäht zu haben. Ein Antrag an den Rath, ihrem Kinde Vormünder zu geben, wurde am 15. Jan. 1506 abgelehnt, weil sie das durch Verstreichenlassen der Zeit selbst verschuldet habe. Indessen muss Helena damals schon erwachsen gewesen sein, denn in dem am 10. März 1506 mit dem Abt Sebald vom Kloster Heilsbronn abgeschlossenen Vertrage erscheint neben

Agatha, Leonhard Odhaimers verlassner Wittib, auch Jungfrau Helena, ihre Tochter, allerdings mit Rath Johann Mülstetters, ihres Curators. Sie sträubte sich lange gegen den Verkauf ihres Hauses, wollte, in ihrer Rechtsunwissenheit, gegen die schon auf Andringen der Gläubiger verhängte Execution appelliren, und der Rath musste ihr wiederholt erklären lassen, dass in einem solchen Falle eine Appellation nicht zulässig sei. Da fügte sie sich endlich, verliess mit ihrer Tochter die Stadt und zog nach Farrnbach, ohne jedoch aus dem Bürgerrechte zu treten. In Farrnbach scheint sie auf dem Merklischen Gute gewohnt zu haben, auf welches sie vielleicht auch Ansprüche hatte. Das Haus in der Stadt kaufte Hans Schütz, später war es lange Zeit im Besitze einer Linie der Harsdorffer, namentlich als 1626 Kurfürst Max von Bayern daselbst auf ein paar Tage sein Logis nahm. Durch das am Eck angebrachte Marienbild weist es noch heute auf eine vorreformatorische Existenz zurück.

Nun scheint über den Besitz des Gutes in Farrnbach zwischen ihr, der Agatha, und den Töchtern der mittlerweile verstorbenen Barbara Merklin, gebornen Schürstabin, ein Hader entstanden zu sein. Beide Schwestern, Barbara, verheirathet mit Matthes Preuss, und Ursula, übergaben urkundlich am 17. Aug. 1509 ihre Rechtsansprüche gegen die Oedheimerin mit ausgedehntester Vollmacht einem Juristen, Namens Doctor Johann Drack. Wer die Sache der Agatha vertrat, ist zur Zeit nicht bekannt. So mag es nun gekommen sein, dass endlich 1516 Matthes Preuss mit einigen verwegenen Gesellen das Gut zu Farrnbach überfiel und die Agatha mit ihrer Tochter zu flüchten zwang. Auffallend ist, dass in den Rathsbüchern von nun an nur wenig dieses Handels gedacht wird. Als nach Mangolds Tode 1522 Agatha wiederum verlassen von Beschützern war, wandte sie sich an das Reichsregiment, aber die Vermittlung desselben wurde am 30. März 1523 unter Hinweisung auf früher schon angezeigte Ursachen abgelehnt. Mittlerweile hatte sie ihre Tochter Helena, die lange Zeit als Köder gedient haben mag, wie denn schon Kunz von Rosenberg (:nicht Mangold von Eberstein, vergl. S. 36 u. 37:) im Sinne hatte, wenn seine Frau sterbe, sie zu heirathen, an den Jorg Dietz angebracht. Dieser trat nun in ihre Ansprüche ein und am 1. Juni 1526 liess der Rath an die von Schweinfurt schreiben, weil Jorg Keller, ihr Mitbürger, für Jorgen Flock gegen Jorgen Diez Bürge gestanden sei und nun von diesem bedroht werde, sie, die von Schweinfurt, möchten mit dem Diez in

Kellers Namen so leidlich als möglich sich abfinden, der Rath wolle dafür einstehen. Am 8. Oct. folgte, da sich das Reichsregiment der Sache abermals annahm, ein weiterer Beschluss in demselben Sinne. Im folgenden Jahre verwendete sich der Kurfürst von Mainz für gütliche Behandlung der Sache, was aber 12. März 1527 abgelehnt wurde, es sei denn, dass den beschädigten Bürgern Kar und Abtrag geschehe. Agatha starb bekanntlich 1529 und einige Jahre nachher fand die Sache ihren endlichen Austrag.

Andreas Oedheimer († 1490), kauft 1479 von den Erben des Erasmus Schürstab das Haus L. 526 am Albrecht Dürers Platz zu Nürnberg, verkauft dasselbe 1482 wieder und wohnt dann Adlerstr. L. 313. Gem. Elsbeth (wiederverm. in 2r Ehe mit Konrad Gehauf, 1502 abermals Wittwe).

Leonhard, † im Winter 1503 auf 1504. Gem. Agatha († 1529), des Gerichtsschreibers Michael Kramer († im Herbst 1494) Tochter, Schwester von Gabriel, Wilhelm (1534, s. S. 6), Kunigunde und Barbara (verm. 30. Sept. 1505 mit Lienhard Pömer) Kramer. Agathe verlässt mit ihrer Tochter die Stadt Nürnberg und zieht nach Farrnbach (auf das Merkelsche Gut?).	**Hans,** 1491, 1497.

Helena, „eine schöne, gerade Tochter", verm. mit Georg Dietz.